CW01052141

Oscar Ilari

Imparare il bridge è facile

L'IMPORTANZA DI IMPARARE QUESTO GIOCO E
LA RELAZIONE CHE HA CON IL
MIGLIORAMENTO DELLA QUALITÀ DELLA VITA,
UN AIUTO PER GLI INSEGNANTI.

ScienciaScripts

This book is a translation from the original published under ISBN 978-613-9-07879-0.

Publisher:
Sciencia Scripts
is a trademark of
Dodo Books Indian Ocean Ltd. and OmniScriptum S.R.L publishing group

120 High Road, East Finchley, London, N2 9ED, United Kingdom
Str. Armeneasca 28/1, office 1, Chisinau MD-2012, Republic of Moldova, Europe

ISBN: 978-620-8-14531-6

Contenuto

PREMESSA

Con questo libro intendo condividere le esperienze che ho raccolto in 55 anni di accompagnamento a questo incredibile ed emozionante gioco che è il bridge.

Ora mi rendo conto che mi è piaciuto in modi diversi. Quando ho iniziato è stata una grande sfida, ma fortunatamente non ha soppiantato altre attività più importanti: il lavoro, lo studio. Inoltre, ho giocato a rugby nelle categorie superiori, il che mi ha formato in varie discipline, fondamentalmente e in relazione al bridge, l'importanza del gioco di squadra. Per molti anni sono stato allenatore nelle categorie inferiori, dove, oltre al gioco, si insegnava il rispetto per l'avversario e quando si finiva di giocare si condivideva il pasto con chi aveva combattuto.

Da questo punto di vista, una lezione impartita da alcuni allenatori che ho avuto è stata quella di saper perdere, di rispettare gli errori dei miei compagni di squadra, perché anch'io ho commesso degli errori.

Il motivo di questa spiegazione è che il gioco che state iniziando a giocare è estremamente competitivo e, poiché non avrete mai una mano ripetuta nella vostra vita, cioè uguale a una già giocata, tutto è opinabile.

Ma aggiungiamo che in questo gioco vince chi fa meno errori, perché tutti sbagliamo e questo è difficile da accettare negli esseri umani.

Credo che sia molto importante che si preparino sotto questo aspetto, perché se lo faranno saranno giocatori migliori e se lo faranno saranno persone migliori.

Certo, lì avevo 20 anni e oggi ne ho 78, quindi è meglio che non continui la mia storia, perché dovrei fare diversi libri di errori e successi.

Ma continuo con l'argomento del bridge, perché quando sono andato in pensione ho iniziato a insegnare, ed è lì che ho capito l'infinità di virtù che questo gioco ha, e questo è l'obiettivo di questo libro, per aiutarvi a divertirvi a qualsiasi livello abbiate, e per sfatare il mito che sia impossibile o molto difficile giocarlo.

Questo sarà il punto fondamentale che affronteremo, e vi dico che è legato a come insegnare uno sport così difficile con così tante variabili, non si possono aggiungere difficoltà, bisogna impararlo nel modo più semplice.

Il sistema che stanno iniziando a studiare si colloca interamente in questo contesto.

E come ho detto all'inizio, lo affronto con tutta la passione che ho e con la ferma certezza che li aiuterò.

Completo questa parte promettendovi che non voglio mostrarvi tutto quello che so sul bridge, ma che mi metterò nei vostri panni e vi darò tutto il tempo necessario per capire di cosa si tratta. E fondamentalmente che capiscano di cosa si tratta il più rapidamente possibile, perché in questo modo il gioco assolverà alla funzione principale di attivare il loro cervello e incorporeranno nella loro vita la possibilità di praticare l'applicazione della logica. Inoltre, riempirà ore della loro giornata, per rilassarsi e divertirsi, e da condividere con gli amici o con altri giocatori in tutto il mondo.

In questa introduzione parlerò di un argomento del nostro prossimo futuro: i cambiamenti tecnologici stanno avendo una crescita esponenziale e le modifiche, soprattutto con l'intelligenza artificiale, stanno portando a problemi molto seri per gli esseri umani. Poiché dovremo pensare e prendere decisioni sempre meno, questo porterà senza dubbio a un'atrofia del nostro cervello. Incorporare elementi per mantenerlo attivo sarà una necessità e questo gioco è un'ottima soluzione.

So che si tratta di qualcosa che è appena iniziato, ma la velocità del progresso metterà l'umanità di fronte a una grande sfida. Prima, quando ero bambino, è apparso il telefono, ma la connessione avveniva attraverso un operatore, che aveva una console con molti fili e ti collegava per parlare; c'è voluto molto tempo perché apparisse il telefono con la selezione diretta e c'è voluto molto di più perché apparisse il telefono cellulare, e non vi dico come erano i primi: era una scatola con una batteria da auto e se eri fortunato potevi comunicare con qualcuno. Poi tutto è diventato più veloce: smartphone, computer sempre più potenti e ora l'intelligenza artificiale.

Ecco perché con questo libro cercherò di mettervi in condizione di giocare a questo gioco nel più breve tempo possibile, ma conoscendo le meccaniche e il modo in cui dovreste pensare in ciascuna delle istanze del gioco. Imparare questo è il tema principale che vi converrà applicare, il bridge è così ampio e vario che applicare questo metodo vi circoscriverà: in ogni fase il minor numero di problemi da risolvere.

Vorrei avvertirvi che quando ho iniziato a suonare nel 1965 c'erano già grandi suonatori. Ma ti davano qualche lezione e poi ti davano un libricino che, pochi giorni dopo aver iniziato a leggerlo, la tua testa era un groviglio di lana, i concetti andavano dappertutto senza una direzione fissa, ci volevano dai 3 ai 6 anni per capire davvero il gioco. Vi spiegherò perché questo libro può aiutarvi molto a capirlo prima.

CAPITOLO I- INTRODUZIONE

Questo libro serve a insegnare a chi parte da zero, ma anche a chi già suona, non importa il livello, è adatto a tutti.

È importante che le nozioni di base vengano insegnate di persona da un familiare o da un amico. Esistono anche molte opere d'arte e video che insegnano le nozioni di base e, una volta comprese le meccaniche del gioco, è possibile incorporare questo libro. Se seguite questo libro in modo scaglionato, cioè se affrontate gli argomenti uno alla volta e finché non li avete capiti non passate al secondo e così via, sarà molto utile e accelererà il vostro apprendimento.

La prima cosa da privilegiare è avere un partner o un gruppo di persone che giocano allo stesso modo, perché la cosa più importante è che il mio partner capisca, insieme a me, la distribuzione e i punti che ho. È ormai assodato che si tratta di un gioco di squadra, poiché si gioca con un partner e contro un'altra squadra formata da due giocatori che cercheranno di competere per ottenere il massimo dalle carte che hanno.

Questo non vuol dire che non possiamo giocare con qualsiasi altro bridgista nell'universo, possiamo farlo e divertirci altrettanto. Possiamo anche capirci l'un l'altro, pur applicando i concetti che stanno imparando, perché il risultato finale della mano sarà il migliore.

In questa fase, quello che faccio è insegnare il sistema, se è in coppia è meglio, altrimenti in quattro giocatori.

Ci sono giocatori che vogliono imparare da soli. Posso dare loro una lezione privata e, una volta che hanno imparato le basi, posso giocare un torneo su Internet e poi rivedere le mani giocate e segnare gli errori commessi, conoscere gli eventi appena accaduti, il che ha un effetto più chiaro.

Tornando poi a giocare con il mio compagno dobbiamo avere un sistema, ce ne sono molti e potete scegliere, quello che volete, io vi consiglio che questo sia il più naturale possibile perché offre meno errori, all'interno di quello che viene chiamato sistema naturale, ci sono molte varianti, vi darò delle linee guida, nel corso di questo libro, su dove e quando c'è il pericolo e fondamentalmente e un bastone, per aiutarvi a definire più mani possibili. Questo nell'asta

Normalmente si tende a voler giocare le convenzioni e questo è il peggior errore che si possa fare, con tre o quattro convenzioni di base del naturale, si può coprire l'80% delle mani che si giocheranno nella vita, anche la maggior complessità del bridge è in quel 20% che rimane da imparare, che verrà introdotto lentamente, con l'esperienza acquisita, e si può giocare al livello che si decide e che il tempo a disposizione permette di giocare.

Vorrei aggiungere che uno dei motivi per cui si dice che il bridge è così difficile da imparare è perché gli insegnanti, quelli esperti o, come nel mio caso, quelli che sanno giocare a bridge più o meno bene e iniziano a insegnare, non hanno una tecnica studiata e provata su come insegnare. Oggi posso dire che dopo molti anni ho sperimentato che insegnare il bridge in modo scaglionato è il più efficace. Insegno le aperture da 13 a 20 e mi fermo su di esse finché non le padroneggiano e così via.

Ho sempre ritenuto che insegnare le convenzioni all'inizio sia controproducente per i nuovi studenti, e quello che faccio è insegnare loro le aperture, rispondendo al compagno dell'apertore e alla seconda risposta dell'apertore, all'interno dei principi di base del bridge. Perché è questo l'importante, perché in questa apertura da 13 a 20 punti ci sono la maggior parte delle mani che giocheranno nella loro vita. Chiarisco che include la prima apertura, ma all'inizio dell'insegnamento vi consiglio di non usarle fino a quando non sarete molto ben consolidati e quindi di dedicare una quantità significativa di tempo solo alla prima apertura. Poi passo a uno smash agonistico molto elementare, ma che aiuta a confrontarsi con qualsiasi affermazione dell'avversario, il tutto basato sulla dimostrazione dei punti e sulla conoscenza dei punteggi delle nostre mani, dato che il punteggio dipende dal livello di gioco a cui possiamo giocare.

Il primo è chiamato parziale che si gioca fino a 25 punti; poi si gioca dai 26 punti in poi; il passo successivo è lo slam per il quale sono necessari 33 punti e con 37 si dichiara il massimo gioco del bridge, il grande slam. Questo è ben spiegato nel primo capitolo dove si hanno le basi fondamentali per capire questo gioco, ma continuando con il punteggio la coppia deve sapere quale punteggio reale hanno insieme, per questo dobbiamo determinare il più accuratamente possibile il valore delle nostre mani e adeguarci al nostro livello, se gli avversari continuano a intervenire si passa. In questo dobbiamo essere rigorosi perché da questo dipenderà il successo finale. Un'altra cosa che voglio dirvi è che il contratto di bridge

6

è stato creato nel 1925 negli Stati Uniti da Harold Stirling Vanderbilt ed è stato lui a determinare i punti necessari per vincere in ciascuna delle altezze del gioco. Questo libro ha come tema fondamentale quello di sapere quale sia il punteggio reale da rispettare.

L'essere umano vuole sempre dimostrare di sapere molto, soprattutto quando sviluppa un'attività che condivide con altre persone, e la conoscenza non si dimostra dicendo ma facendo la cosa giusta, e in questo gioco se avete ben chiare le basi risolverete rapidamente le mani semplici e avrete più tempo per trovare la soluzione alle mani più complesse.

Naturalmente gli studenti non sono tutti uguali, sta nella capacità dell'insegnante riunire quelli che imparano più velocemente in modo da non fermarsi nella loro evoluzione e ci sono quelli che impiegano più tempo, ma l'importante è che anche loro suonino e suonino molto bene con questi insegnamenti.

All'interno dei temi di un sistema e secondo ogni insegnante, ce ne sono alcuni che sono più importanti, e determinare quali sono è ciò che segna lo spirito del sistema. Io do la massima importanza al ragionamento per punti, e per questo dobbiamo imparare molto bene ciò che si chiama valutazione e rivalutazione di una mano, e il secondo argomento che considero molto importante è l'asta in competizione, che per me è ciò che fa crescere un giocatore più velocemente e con una base molto solida per finire. Sul primo c'è molta bibliografia che si può leggere, in questo libro le parti fondamentali sono spiegate brevemente, ciò che è diverso da tutto il resto è il rovescio in competizione e lo considero uno degli strumenti fondamentali del sistema.

Si noti che ho sempre lasciato da parte la distribuzione delle carte, in quanto questa parte importante del bridge è molto più difficile da imparare rispetto all'asta, qui poiché è solo uno dei giocatori a gestire il gioco, la risoluzione finale della mano dipenderà da lui, il che impone una condizione allo studente che è l'esercizio personale e il tempo che vi dedica, in quanto si impone il concetto di contare le carte, vedere quali sono state giocate e conoscere le distribuzioni degli avversari. Tutto si ottiene con molta pratica. Per quanto riguarda il modo di esercitarsi, vi consiglio di inserire un programma e giocare solo a carte, è il modo migliore per ricordare le carte giocate e per ripetere le distribuzioni delle mani in modo permanente. Giocare il contro è molto più difficile, perché qui la coppia gioca di nuovo, quindi bisogna avere informazioni su altri valori e caratteristiche che non includono nessuno di quelli che avete imparato. In questa voce vi consiglio di segnare sempre il numero di carte, ci sono più specifiche nel titolo delle carte ma sempre con pochi concetti per facilitare le cose.

Uno dei pilastri di questo insegnamento è chiedersi **che cosa mi ha detto il mio compagno**; questa domanda ci aiuterà a cercare di assemblare le 26 carte che il lato ha. Se il messaggio è quello giusto, potremo sapere quanti punti abbiamo tra noi due e qual è il contratto migliore, che può essere una briscola o un atout.

Questo è uno dei bastoni più importanti per i giocatori di qualsiasi livello, perché per qualche motivo coloro che hanno ideato il contratto di bridge hanno iniziato l'apertura con 13 punti, e il motivo è che se si hanno 13 punti mancano 27 punti dei 40 e nel termine medio quei punti sono distribuiti equamente tra gli altri tre giocatori o 9 ciascuno di loro, e il mio schieramento avrà tra i 21 e i 22 punti (la somma dei 13 per l'apertura e dei 9 del compagno), questo segna una supremazia di punti sugli avversari che ne avranno 18 o 19, requisito indispensabile per non perdere il livello 1 di un contratto. Voi che conoscete già qualcosa del gioco, sapete che i punteggi e le distribuzioni sono variabili in tutte le mani; ripeto questo concetto con tanta insistenza perché è senza dubbio il più importante e i giocatori non si abituano ad esso, cioè a pensare sempre al punteggio delle mani.

L'altro punto importante di questo libro riguarderà la finitura competitiva, che io definisco la più importante. Questo perché l'intervento dell'avversario rende più difficile sapere come si combinano le nostre carte e, come ho detto, tutto il nostro sistema si basa sul sapere quanti punti onore - distribuzione abbiamo. Lo sviluppo di questo capitolo mantiene come tutto il libro la semplificazione di ciò che dovete imparare, e vi renderete conto quando lo imparerete delle differenze con altri modi di insegnare, ma mantenendo tutte le cose importanti per ottenere il risultato desiderato. Aggiungo che potete giocare quest'asta in competizione con qualsiasi giocatore dove c'è un vsnyo che non potete fare e lo indicherò nello sviluppo del capitolo.

Ormai vi sarete resi conto che questo capitolo espone molte linee guida che saranno indispensabili per chi vuole davvero imparare e migliorare il proprio bridge. Penso che sia positivo che le persone abbiano diverse pretese di conoscenza, fa parte della nostra vita, ecco perché questo libro è per tutti i giocatori.

Per questo dico che per me il bridge deve essere una distrazione, accompagnata da relazioni sociali. Quando le lezioni sono faccia a faccia condivido altri argomenti tra una mano e l'altra, ma quando inizia l'asta e fino alla fine della smazzata chiedo la massima concentrazione; chiarisco anche che si può migliorare e avere un livello di gioco e l'importante è avere l'ambizione di continuare a migliorarlo, che nella vita è fondamentale perché impone una sfida ed è questo il senso della vita, creare continuamente nuove sfide.

Qui appare un tema ed è che il bridge è uno sport olimpico e allo stesso tempo un'attività intellettuale come ce ne devono essere poche al mondo, non c'è dubbio che creare sfide nella vita quotidiana non è facile e ancor di più metterle in pratica. Nel gioco a cui stiamo giocando c'è una mano da giocare ogni 7 minuti, ed essendo tutte diverse ognuna è una nuova sfida, ma non solo, all'interno dei 7 minuti ci sono anche sfide che si sommano, dato che una mano ha l'asta, il contratto finale, la carta se è il nostro turno e la difesa se non lo è, dato che ognuna di esse ha requisiti diversi, producono sfide individuali. Questo è ciò che lo rende così importante per me, superando altri giochi cosiddetti mind sports.

Rilassandomi dico loro che come si può giocare con un gruppo di amici a casa, o con tornei nei circoli o in luoghi turistici, o anche partecipare a tornei internazionali, questo dà la possibilità di formare gruppi di incontro; ricordate che ho giocato a bridge per molti anni ed è stata un'attività che mi ha lasciato molti amici e nel tempo continuiamo a vederci e a giocare a bridge. Dopo la mano è finita e di solito si discute per un po', perché fa parte della distrazione. Questo accenno si ricollega a un argomento precedente che è quello che le nuove generazioni dovranno affrontare.
dove la vita sociale sarà sempre più limitata.

Il mito secondo cui il bridge proteggerebbe da alcune malattie della testa può essere vero se impariamo davvero a concentrarci e a pensare, e la differenza fondamentale è il livello che vogliamo raggiungere. Ma è vero che, essendo un'applicazione pura della logica, il gioco può utilizzare settori del cervello non facilmente sviluppabili.
Un'altra questione è che gli esseri umani sono competitivi, e questo gioco è molto opinabile; il motivo è che, poiché ci sono milioni di mani e nessuna è uguale, e ci sono milioni di giocatori, ognuno può avere un'opinione diversa sulla stessa mano. Questo spiega perché il partner e l'intesa che la coppia raggiunge sono fondamentali. E questo vale per tutte le

categorie, visto che i super campioni del mondo, che giocano e si allenano 8 ore al giorno con lo stesso partner e sono professionisti, escono da un torneo e discutono della mano.

Direte: perché gioco allora, se è così difficile e presenta tali differenze? Per divertirmi e avere una migliore qualità di vita, sapendo che se voglio progredire posso migliorare, studiando e dedicandovi del tempo. E che queste discussioni sono le più divertenti del bridge quando sono fatte tra amici, per essere d'accordo e dire quello che penso senza arrivare alla discussione con il nostro partner abituale è essenziale, lì dobbiamo parlare per definire come intendiamo quella canzone o quell'asta, perché questo migliora la coppia quando entrambi sappiamo cosa dire o cosa dire. Questo è un altro contributo che il gioco dà alla crescita individuale, un essere umano che ha la capacità di incorporare cose nuove nella sua vita è una persona che crescerà molto, perché per essere in grado di incorporare la cosa più importante è imparare ad ascoltare.

Da quanto detto sopra deriva un concetto fondamentale: se io sbaglio, la stessa cosa può accadere al mio compagno di squadra, quindi non devo litigare con lui ma parlare mano nella mano e avere l'intelligenza che l'errore potrebbe essere mio, e questo sarà ciò che mi farà crescere come giocatore. Questo concetto nasce in tutti i giochi di squadra, vi ho detto che ho giocato a lungo a rugby a livello senior, e ho anche allenato squadre, e una delle cose più importanti che ho imparato è rispettare l'errore del mio compagno di squadra. Lo ripeto perché questo è utile non solo nel bridge, ma in tutta la nostra vita di relazione, amici, partner, lavoro, ecc.

A questo punto parlerò di qualcosa che è individuale per ogni giocatore e che ha un impatto sulla crescita dgioco. L'essere umano è naturalmente un essere intuitivo, mentre nel bridge è necessario essere razionali e logici, quindi prendiamo un secondo respiro e rivediamo la canzone o la giocata che faremo, questa è un'altra delle linee guida che vedremo e correggeremo, in quale momento dovremmo approfondirla. Si noti che con la pratica di questi concetti continuiamo ad apprendere lezioni che vanno oltre il gioco e formano gli esseri umani.

Ho frequentato una scuola di preti e loro erano insegnanti, alcuni notevoli. Un giorno è arrivato il professore di storia, con lui non volava una mosca, e ci ha detto di fare gruppi di cinque e di parlare del comunismo, ci siamo riuniti ed era un rumore assordante perché parlavamo tutti contemporaneamente, dopo qualche minuto ci ha fatto stare zitti e ci ha detto: ho visto 20 persone che parlavano tutte contemporaneamente, cioè pensavano a quello che avrebbero detto, nessuno ascoltava niente, nessuno imparava niente. È fondamentale imparare ad ascoltare, dipende da questo come arriviamo al vero valore delle nostre mani, inoltre ci fornisce dati che poi verranno utilizzati sia nella schedatura che nello sportello.

Mi consideravo un buon giocatore di bridge e, dopo aver insegnato per 20 anni, oggi mi rendo conto che ogni giorno imparo qualcosa di nuovo. Sappiate, non dimenticate: ogni mano di bridge lascia un nuovo concetto e ribadisce le linee guida generali di questo gioco.

Uno dei tanti problemi che devono essere banditi dal gioco, ed è applicabile anche ad altre attività, è quello di rimanere bloccati dall'errore della mano precedente che abbiamo giocato. È più comune di quanto si pensi e causa disastri nei giocatori. Questo problema sembra di poco conto, ma quante volte nella nostra vita o nel nostro lavoro abbiamo avuto discussioni o commesso un errore e siamo stati diversi giorni ad assimilarlo. Sappiate che in quei giorni c'era lo stress ed è uno dei mali peggiori per la nostra vita. Esercitarsi nel gioco ci darà la possibilità di farlo sempre. Ma attenzione, quando il momento è passato dobbiamo imparare dall'errore commesso per migliorare il nostro gioco o la nostra qualità di vita.

Sul fatto che il bridge debba essere una materia programmatica nelle scuole ho avuto anch'io un'esperienza, ma negativa, dato che in diverse scuole che ho frequentato e che ho avuto l'appoggio della direzione, che ha informato tutti i genitori di questa possibilità, la risposta nel 99% dei casi è stata che non volevano che i loro figli imparassero a giocare a carte e che era meglio per loro praticare uno sport. Non ho dubbi che uno o più sport siano fondamentali per i giovani, ma la mancanza di conoscenza è molto grande perché questo gioco è lo sport della mente, oltre agli innumerevoli modi in cui, come abbiamo visto, contribuisce a migliorare la qualità umana.

Ma ci sono molte persone nel mondo che pensano che dovrebbe essere una materia scolastica, e alcuni che si sono fatti carico del progetto facendo addirittura realizzare un libro per l'apprendimento, come Bill
Gates negli Stati Uniti ha fatto un libro sul bridge, ma non ha messo in evidenza i motivi per cui è importante imparare a giocare fin da piccoli, non ha messo in evidenza tutti i concetti

che sono stati riversati in questo libro in modo che i genitori possano prendere una decisione con dati specifici su ciò che il bridge contribuisce all'educazione dei loro figli.

Al giorno d'oggi, con l'incorporazione dei computer, possiamo giocare a casa in qualsiasi momento della giornata, il che è molto positivo, facilita le modalità di gioco e possiamo farlo con maggiore facilità e tempo. Quello che dobbiamo evitare è di giocare in modo automatico, perché questo gioca a nostro sfavore, perché a volte agiamo in modo intuitivo, e ricordate che vi ho detto che questo modo di giocare ci porta indietro nel nostro miglioramento e perdiamo l'essenza del gioco, che è pensare e ragionare. Conclusione: il computer è un bene perché possiamo giocare senza dover uscire di casa, ma tenete presente quanto ho detto prima.

Ho sempre un duplice pensiero al riguardo: è davvero un male? Non tanto se sappiamo differenziare una situazione dall'altra, quando lo uso come distrazione da quando gioco seriamente, sia nei tornei che al computer o con gli amici, quello che consiglio è di giocare a bridge anche a 4 mani ma super concentrati, in modo che sia una diciplina e ci abituiamo. Voi direte ma il tè e la cena con gli amici sono fenomenali, ma io ho detto che davo 30 m di lezione e lì, tutto concentrato.

Da quanto abbiamo appena detto, vi renderete conto di quante cose possiamo fare con il bridge, utili per la nostra vita quotidiana, a patto di essere preparati.

Stiamo parlando da un po' e sembra una cosa molto seria. Quindi una distrazione è sempre utile e colgo l'occasione per mettervi in guardia su qualcosa che può accadere. C'è una situazione particolare, ovvero quando la coppia sposata o i compagni di vita o gli amici intimi che vivono insieme giocano insieme, in questo caso bisogna essere molto concentrati e applicare molta logica. La durata del nostro matrimonio dipenderà da questo, quindi consiglio che se inizia una discussione, cosa molto comune quando si tratta di bridge, a un certo punto uno dei due, chiunque sia, dovrebbe dire propongo di fermarci per 2 ore, rilassarci e continuare domani.

Potrei continuare a elencare i principi, ma li inserirò in ogni fase del gioco, per renderli più coerenti.

Da tutto ciò che è stato esposto finora, voglio che sia ben chiaro che questo libro ha la missione di facilitare l'apprendimento di questo gioco. Ma fondamentalmente, per enfatizzare ognuna delle virtù menzionate, è importante nell'insegnamento lavorare intensamente su quanto sopra, al fine di incorporarle e migliorare nel bridge e come esseri umani, non solo nell'intelligenza ma anche nelle virtù della vita.

Infine, vorrei informarvi che questo gioco ha una serie di regole che stabiliscono che le irregolarità sono punibili per legge. Questo, a mio avviso, completa l'importanza di giocare a bridge: chi non rispetta queste leggi viene punito come dovrebbe essere nella nostra società.

INIZIAZIONE

Questo capitolo è dedicato a coloro che non conoscono le basi di Bridge.

1)   IN COSA CONSISTE

Il numero minimo di giocatori è quattro, che giocano in coppia.

Il gioco si svolge con le carte francesi (carte da poker) e vengono distribuite tutte tra i quattro giocatori, cioè tredici carte per ogni giocatore.

Il gioco è composto da due fasi: REMOTO e CARTEO.

Il Remate è la parte parlata in cui i giocatori esprimono, attraverso un linguaggio speciale, le carte che hanno in mano e allo stesso tempo fanno una promessa che dovranno mantenere nel Carteo.

La prima chiamata del Remate viene fatta dal giocatore che ha distribuito le carte, il DEALER. Poi il turno continua a sinistra, e così via per tutta la partita, cioè in senso orario.

2)   VALORE DELLE CARTE

Il SA è il maggiore, poi il RE, la REGINA e la VALETTA (o FANTE); queste sono chiamate carte d'onore.

Segue il 10 e poi tutti i numeri in ordine decrescente fino ad arrivare al 2, che è il numero più piccolo.

Esistono quattro semi: il PIQUE, il CORAZÓN, il CARRO e il TRÉBOL. I primi due si chiamano MAJOR, i due successivi si chiamano MINOR.

BAZA

Una presa è un insieme di quattro carte composto da una carta di ciascun giocatore, vale a dire che se ogni giocatore lancia una carta sul tavolo, ha formato una presa. Questo avviene durante il Carteo.

Poiché ogni giocatore ha tredici carte all'inizio del gioco, la patta sarà composta da tredici prese.

La carta iniziale di ogni presa segna l'obbligo di continuare lo stesso seme; cioè, se il giocatore che inizia una presa gioca Cuori, gli altri giocatori devono giocare Cuori, e il giocatore che gioca la carta più alta è il vincitore di quella presa.

Poiché il gioco è a coppie, il trucco sarà stato vinto dai giocatori della coppia.

Alla fine del Carteo, si contano le prese e, in base alla promessa fatta durante l'asta, si vedrà se la promessa è stata mantenuta.

Da questa spiegazione si evince che la promessa fatta nell'asta è legata ai Bazas.

Vediamo di riordinare i concetti finora esposti:

Distribuire 52 carte a 4 giocatori, 13 per ogni giocatore. La partita si gioca 2 contro 2.

Per prima cosa viene il Remate, ovvero la parte parlata del gioco in cui si cerca di trasmettere le carte in possesso tramite una lingua.

Alla fine dell'Asta si fa una promessa di prese che si intende vincere, in coppia con il partner.

Si esegue il Carteo e si giocano 13 prese; alla fine del gioco si contano le vincite di ciascuna parte e si controlla se la promessa è stata mantenuta.

3) TRIUMPO

Abbiamo detto che c'è l'obbligo di giocare lo stesso seme (non c'è l'obbligo di alzare o uccidere la carta giocata) che è stato inviato in una presa; ma questo obbligo non può essere soddisfatto nel caso in cui non si abbia quel seme (essendo FAIL) e in tal caso ci sarà l'assoluta libertà di scartare qualsiasi seme, o di fallire.

Durante l'asta non si discutono solo le prese, ma anche i semi, e il lato che fa la promessa finale è anche incaricato di scegliere un seme come seme principale della mano, ed è chiamato seme del TRIUMPH.

L'utilità del trucco consiste nel fatto che se ci si trova in difetto in una presa, si può giocare una carta di un altro seme e, se la carta è del seme di briscola, si vincerà la presa anche se la carta è più piccola delle altre.

Questa possibilità è valida solo se uno è Fallito.

Più carte si hanno nel seme della briscola, più possibilità si hanno di vincere prese. Se il mio compagno sta per vincere una presa e io non ho carte di quel seme, NON è nel nostro interesse spendere una briscola.

Ogni Trick viene iniziato dal vincitore del Trick precedente, che è libero di iniziare con qualsiasi seme.

Come abbiamo detto in un paragrafo precedente, ci sono quattro semi: il PIQUE, il CUORE, il CARRO e la TRUMP e ognuno di essi può essere scelto come briscola, ma c'è anche la possibilità di scegliere di giocare senza briscola, e in questo caso la presa sarà vinta dalla carta più alta del seme che ha dato inizio alla presa (non ci sono difetti).

Esempio: se iniziate una presa (in No Trumps) con il 4 di cuori e gli altri giocatori giocano il 6 di fiori, il 5 di cuori e l'8 di cori, la presa è vinta dal 5 di cuori.

4)   INIZIO DELL'ASTA -- GERARCHIA DEI CLUB:

Per le remate è importante sapere che le clave hanno gerarchie diverse e che i canti devono avere un incremento rispetto a quello che li precede, quindi vedremo che questo incremento può essere nel numero di prese o nella gerarchia della clava.

Il TRÉBOL è il più piccolo dei club, segue il CARRO, poi il CORAZÓN e il PIQUE, e il più grande di tutti è il SIN TRIUNFO.

Vediamo un esempio.

QUESTO	SUD	OVEST	NORD
1CARRO	1 STICCHIA	PASSO	1 NON VINCERE
2CARRO	3 TRIBOLI	3 CARRELLO	4 TREBOLI
PASSO	4 PEZZI	PASSO	PASSO
PASSO			

Questo esempio è quello di un'asta complicata, in cui entrambe le parti hanno parlato e sono state menzionate diverse opzioni di briscola, con l'ultimo conteggio valido, cioè 4 PIQUES, che significa DIECI TROMBE con una briscola PIQUE.

Il giocatore che ha distribuito le carte (DATORE) è il primo a iniziare l'asta e può, in base alle sue carte, fare una promessa o pronunciare la parola PASO, che significa che non ha abbastanza valori per parlare.

Il numero minimo di prese che un lato può promettere è sette, cioè un po' più della metà del numero di prese in gioco (tredici) e questo numero di prese si chiama UNO, cioè, se si dice UN CUORE, significa che si stanno promettendo SETTE prese (il minimo) e che si sta scegliendo la cuori come seme di briscola.

La ROW non ha un numero di turni prestabilito, ma termina quando, dopo che tutti hanno avuto la possibilità di parlare, si verifica una sequenza di tre Passi consecutivi, il che significa che lo stesso giocatore non può alzare la propria promessa.

Per comodità conosceremo il nome utilizzato quando si nominano i giocatori: NORD - SUD - EST - OVEST.

Ovviamente NORD e SUD saranno partner e EST - OVEST i loro rivali. Esempio di asta:

nord est sud ovest
1 passo di trifoglio 2 passo di trifoglio
Passo di Compi

NORD ha iniziato il canto promettendo sette prese e scegliendo il club di fiori come briscola.

QUESTO ha annunciato che la sua mano non è in grado di parlare.
SUR ha aumentato il pegno a otto prese e ha mantenuto il seme di briscola suggerito dal compagno.

Anche WEST non vuole parlare.

Norte ritiene che l'impegno del suo partner sia adeguato e decide di non aumentarlo.

Egli rimane in silenzio e, essendo questo il terzo passo consecutivo, l'asta è conclusa.

CONCLUSIONI:

Il contratto finale è 2 TRIBOLI, ovvero OTTO BAZAS con TRIBOLO. Il lato incaricato di

rispettare il contratto è NORD - SUD.

Utilizzando l'esempio, identificheremo diverse parole e nomi che vengono utilizzati nella

lingua del Bridge.

Norte, che è stato il primo a nominare il club di Trébol, rimasto a briscola, è il diretto responsabile dell'adempimento del contratto, ed è chiamato DECLARANTE.

SUD sarà il MORTO e dovrà quindi mettere le sue carte sul tavolo, sotto gli occhi di tutti, e saranno distribuite da Nord.

EST e OVEST, che sono i campioni in carica, cercheranno di impedire a NORD di vincere le sue OTTO BASI e cercheranno di vincerne almeno SEI.

5)   CARTEO

Una volta terminata l'asta, inizia il Carteo.

La prima carta sul tavolo si chiama USCITA, e questa mossa deve essere effettuata da uno dei Difensori, e più precisamente dal Difensore che gioca prima del Morto.

In base all'esempio precedente, il giocatore che dovrebbe effettuare l'uscita sarebbe QUESTO.

Una volta che EST ha messo la carta iniziale sul tavolo, SUD, che è il Morto, procede a posare le sue carte e solo a questo punto vengono viste.

La partenza deve avvenire prima di vedere i Morti.

Dopodiché si giocano le carte e ogni fazione cercherà di raggiungere il proprio obiettivo nel corso delle tredici prese.

Non è indispensabile vincere le prime prese per ottenere un risultato migliore, ma la strategia consiste nell'utilizzare al meglio le carte per vincere il maggior numero possibile di prese. UN PRINCIPIANTE CERCA DI VINCERE IL PIÙ POSSIBILE E ALLA LUNGA FINISCE PER PERDERE.

Il DICHIARANTE (esecutore) è a SUD (il primo a menzionare il posto) a NORD sarà il MORTO.

OVEST sarà il mazziere (colui che lancia la prima carta). Studiamo l'ordine dell'asta:

EST ha aperto con 1 CARRO (7 prese), SUD ha rilanciato a 1 PIQUE (7 prese ma di un seme più gerarchico) NORD ha rilanciato a 1 SIN TRIUNFO (anch'esso 7 prese) EST ha dovuto rilanciare a 2 per aumentare l'asta con il suo seme CARRO e ora SUD ha dovuto rilanciare a 3 per nominare il suo TRÉBOL (9 prese) e così l'asta è continuata fino a quando SUD insistendo con il suo PIQUE (deve avere molte carte per la sua insistenza) ha preso il CONTRATTO.

Alla fine della presa, il risultato della presa sarà registrato e dipenderà dal fatto che la presa sia stata giocata e dal seme di briscola scelto.

6)   VALORE DELLE CARTE DA BRISCOLA

È importante sapere che il valore delle prese è diverso, poiché dipende dal seme di briscola che ha dominato la mano.

Si noti che non importa con quale seme è stata vinta la presa, ma il seme scelto come

briscola. TRICK: 20 punti per ogni presaMINOR KEATS

CART: 20 punti per ogni trucco

CUORE: 30 punti per presa   PUNTI MAGGIORI : 30 punti per trucco

NO TRIUMPH: 40 punti per il primo. 30 punti ciascuno dei seguenti.

Vediamo diversi esempi di annotazione:

2 TREBOLES (8 prese) danno un punteggio di 40 punti (2 x 20)

4 PIQUES (10 prese) segna 120 punti (4 x 30)

3 NO TRUMPS (9 prese) valgono 100 punti, che derivano da 40 punti per la prima presa più 30 e 30 punti per la seconda e terza presa (40 + 30 + 30).

Come abbiamo visto, il punteggio viene preso in considerazione sulle prese cantate e le prime sei prese non vengono conteggiate, cioè 8 prese, in realtà 2 prese vengono cantate e 2 vengono segnate.

Nel caso di prese extra, le prese saranno conteggiate allo stesso modo delle altre prese, cioè se nel primo contratto di 2 TREBOLE (8 prese) sono state prese 9 prese, si otterranno 20 punti in più per le prese in eccesso.

Se invece il contratto non viene rispettato, per ogni presa in meno viene registrato un valore speciale e ognuna di queste prese in meno viene chiamata penalità.

Il valore di queste multe sarà uniforme, indipendentemente dal seme di briscola, e sarà segnato a favore della squadra avversaria al tasso di 50 punti per ogni briscola presa.

Esempio: se giochiamo 4 prese (10 prese) e ne vinciamo 8, significa che abbiamo dato 2 FINTE e dobbiamo segnare 100 punti (2 x 50) nella colonna favorevole ai nostri avversari, e quelle fatte non valgono nulla perché NON le abbiamo realizzate.

Il DICHIARANTE (esecutore) è a SUD (il primo a menzionare il posto) a NORD sarà il MORTO.

OVEST sarà il mazziere (colui che lancia la prima carta). Studiamo l'ordine dell'asta:

EST ha aperto con 1 CARRO (7 prese), SUD ha rilanciato a 1 PIQUE (7 prese ma di un seme più gerarchico) NORD ha rilanciato a 1 SIN TRIUNFO (anch'esso 7 prese) EST ha dovuto rilanciare a 2 per aumentare l'asta con il suo seme CARRO e ora SUD ha dovuto rilanciare a 3 per nominare il suo TRÉBOL (9 prese) e così l'asta è continuata fino a quando SUD insistendo con il suo PIQUE (deve avere molte carte per la sua insistenza) ha preso il CONTRATTO.

Alla fine della presa, il risultato della presa sarà registrato e dipenderà dal fatto che la presa sia stata completata e dal seme di briscola scelto.

7)   VALORI CONTRATTUALI

Come abbiamo visto, il primo obiettivo di questo gioco è vincere le prese, e soprattutto mantenere la promessa fatta nell'asta, e se superiamo il numero di prese prese prese, tanto meglio, perché otterremo il punteggio più alto come eccesso di prese, ma dobbiamo ancora imparare che un altro obiettivo del gioco è: più alto è il numero di contratti che giochiamo, più importanti saranno i premi.

Pertanto, è meglio completare il più possibile ed è importante essere consapevoli dei diversi livelli di contratto:

BIG SLAM: Contratto in cui vengono promessi tutti i trucchi (13).

SLAM o SMALL SLAM: un contratto in cui sono promesse tutte le prese tranne una (12).

GIOCO: Contratto in cui la somma del valore delle prese è di almeno 100 punti. 5 TREBOLI 5 CARROZZE (ogni presa vale 20 punti, mi servono 5 prese per raggiungere i 100 punti e vincere la partita) 4 CUORI 4 PICCHE (ogni presa vale 30 punti, con tre prese non arrivo a 90 punti, con 4 arrivo a 120 punti, partita) 3 NESSUNA TRUPA (qui la prima presa vale 40 punti e le restanti 30 punti ciascuna, con tre prese arrivo a 100 punti, partita)

PARZIALE: qualsiasi contratto che sia inferiore al GIOCO.

Come si può notare, nel caso di BIG SLAM o SLAM, il numero di prese è fisso indipendentemente dal seme di briscola, mentre in GAME e PARTIAL il numero di prese varia a seconda della briscola.

CONTRATTI PARZIALIGIOCO SLAM G. SLAM

Bastoni MINOR TRABOL e	CART1 - 2 3 e 4	5	
CLUB MAGGIORI CUORE E PICCA 1 - 2 3		4y5	
NO TRIUMPO 1 e	23-4y5 o	7	

Quando impareremo ad attaccare, cercheremo i contratti migliori, perché se decidiamo con il nostro compagno di giocare una cuori come atout e pensiamo di poter giocare una partita, sarà meglio cantare 4 cuori e non 5, perché entrambi ottengono lo stesso premio (dal gioco) e 4 è una presa in meno rispetto a 5.

Allo stesso modo, se rimaniamo a un parziale sarà meglio giocarne 1 o 2 e non salire a 3 perché varranno tutti allo stesso modo.

8)   PUNTI D'ONORE:

Quando riceviamo le carte dobbiamo valutare la nostra mano e decidere la nostra canzone, se parlare o dire Passo.

Per facilitare la valutazione della nostra mano, più di mezzo secolo fa è stato inventato un valore delle carte che tiene conto delle figure, che abbiamo detto che chiameremo carte d'onore.

Ce lo dice lui stesso:

il SA vale QUATTRO punti. Il RE TRE punti. La REGINA DUE punti. Il JACK UN punto.

L'idea alla base di questa valutazione è che più alto è il punteggio, maggiore è la presenza di figure e maggiore è la possibilità di vincere le prese.

Come si vedrà, se si sommano i valori delle onorificenze, si ottiene che per ogni club ci sono

DIECI punti e quindi tra i quattro giocatori ci sono FORTUNI punti.

Il Contratto sarà solitamente vinto dalla coppia con il maggior numero di questi p u n t i , e per questo dovremo imparare la lingua del Remate.

Prima di passare allo sviluppo del linguaggio, dobbiamo conoscere l'associazione dei punti d'onore con i livelli contrattuali.

Quanti dei 40 punti ci servono per questi contratti? GRANDE SLAM: (13 BAZAS) abbiamo

bisogno di almeno 37 punti. PICCOLO SLAM: (12 BAZAS) almeno 33 punti.

GIOCO: 5 fiori o corro (11 BAZAS) con un minimo di 29 punti. 4 cuori o picche (10 BAZAS) con almeno 26. 3 senza briscola (9 BAZAS) anch'esse con un minimo di 25.

PARZIALE: se abbiamo meno di 25 punti, dobbiamo fermarci al contratto più basso, che è un parziale.

Tutti questi punteggi sono la somma delle due mani tra i partner e per conoscere il punteggio del nostro partner dobbiamo conoscere la lingua dell'asta.

Per questo motivo è di estrema importanza essere DISIPLINATI nelle informazioni fornite, altrimenti l'unico ad essere danneggiato è il partner, poiché il partner farà una determinazione sbagliata. Allo stesso modo in cui per determinare l'altezza del remate ci si può regolare rigorosamente sui punti del BANDO, e secondo la tabella sopra riportata.

C'è un punto da sviluppare che è la vulnerabilità, nei tornei usiamo un elemento che sono i tabelloni dove arrivano le carte che giocheranno in tutti i tavoli del torneo, e questi hanno l'informazione di chi è un datore e di come sono i lati rispetto alla vulnerabilità, e anche questo ordine è mantenuto se giochiamo con gli amici.

TABELLA 1: il nord giver ed entrambe le coppie non sono vulnerabili.

TAVOLA 2: Est-est e ora vulnerabile è est-ovest e nord-sud non vulnerabile.
TABELLA 3: donatore sud e nord-sud vulnerabili e est-ovest non vulnerabili. TABELLA 4:

ovest donatore ed entrambe le coppie vulnerabili.

Come vedrete, il bridge dà sempre le stesse possibilità a entrambe le parti, essendo due volte vulnerabili e due volte non vulnerabili.

Le quattro mani successive avranno le stesse caratteristiche e così via per ogni turno giocato. Questo vale anche per il buddy game, quando le carte vengono distribuite per il gioco, se si utilizzano gli split.

Si tratta di una questione fondamentale perché sia i contratti che le multe variano a seconda della vulnerabilità.

Riporto in dettaglio le tabelle dei punti aggiuntivi dati dai contratti, cioè quanti punti aggiuntivi vengono aggiunti alle prese vinte:

PARZIALI: vengono sempre aggiunti 50 punti. Ad esempio, se completo un contratto di 3 prese, cioè faccio 90 punti (ciascuna delle prese ha un valore di 30), a questi 90 punti si aggiungono i punti per il parziale e quindi diventano 140 punti.

GIOCHI: qui vediamo la prima differenza tra essere vulnerabili e non vulnerabili. Nel primo caso(cioè vulnerabile) si aggiungono 500 punti alla quantità di prese vinte. Ad esempio, gioco 4 prese e aggiungo 120 punti per le prese vinte, a cui aggiungo i 500 punti di premio e quindi 620 punti. Nel secondo caso, cioè non vulnerabile, si aggiungono 300 o 420 punti.

LITTLE SLAM: Per completarlo dobbiamo fare 6 prese, che nel seme LOWER equivalgono a 120 punti, a cui aggiungiamo altri 800 punti non vulnerabili, cioè un totale di 920 punti.

GIOCO MAGGIORE: 6 prese per 30 dà 180, più il premio che è di 800 punti, per un totale di 980 punti, non vulnerabili. Essendo vulnerabili alle prese, aggiungiamo 1250 punti.

GRANDE SLAM: sono in seme minore 7 basi. 0 è 140 e si aggiungono 1300 punti non vulnerabili e 2000 punti vulnerabili.

ANCHE LE AMMENDE sono diverse: se sono non vulnerabili l'ammenda vale 50, mentre se sono vulnerabili l'ammenda vale 100.

Non mi dilungherò oltre su questi aspetti perché ci sono altre differenze, e spiegarle tutte sarebbe molto complicato, e per questo c'è, per quando giocano, un elemento che useranno chiamato BIDING-BOX, dove sul retro di ogni contratto ci sono i punti corrispondenti e ha anche un cartone con una X che è il DOPPIO dove sono tutti i valori delle multe che danno.

CAPITOLO II - APERTURE

Ricordate che vi ho promesso che il nostro sistema sarà il più naturale possibile.

Tutto ciò che verrà dopo per capirlo bene dipenderà dalle conoscenze già acquisite e potrà essere diverso. Ricordate che vi ho promesso un bridge molto semplice e naturale. Tutto questo sviluppo si basa sul punteggio e sulla distribuzione nel modo più semplice possibile.

Si prendono le 13 carte e si conta che si hanno tra i 13 e i 20 punti, se quando è il proprio turno nessun giocatore ha parlato, allora la nostra dichiarazione si chiama apertura, cioè apriamo l'asta. Attenzione se un giocatore ha già detto qualcosa prima di noi, allora tutto quello che avevamo preparato cambia e si passa a quella che viene chiamata asta competitiva, cioè si compete con gli avversari per il contratto finale.

Tornando indietro: se devo aprire, ragioniamo come segue:

APERTURE DA 13 A 20 PUNTI (in ordine)

Aperture   **Come aprire**

A)   **15-17 bilanciatoopen 1ST**

B)   **Palo mayor 5° o**   **più - apriamo o**   ♥   ♠

C)   **Diamante**   **4open 1** ♦

D)   **Nessuno dei precedenti abbiamo**   **aperto 1**   ♣

♥ **E) 2 Deboli (trattamento separato) aperti 2 , 2 o 2** ♦   ♠
(6° posto e 2 lodi)

La cosa più importante nell'asta è limitarsi a pensare solo ai requisiti del momento dell'asta.

Ad esempio: riceviamo le carte, le smistiamo e contiamo che la mano ha tra i 13 e i 20 punti e pensiamo che

A)   Se siamo in equilibrio, le mani bilanciate hanno solo due handicap che le rendono

sbilanciate: avere un semi-fallo o avere due dubleton. In tal caso, non è più

bilanciata e passiamo all'altro punto dell'apertura. Quindi, se ho 15 a 17 ed è bilanciato, diciamo 1° e il nostro compagno sa che abbiamo 15 a 17 con una mano bilanciata. Direte che questo è molto elementare, ma quello che sto facendo è insegnare come funziona questo punto perché tutto è scritto in questo modo come se fosse un multishop in cui un'alternativa elimina le successive.

Occhio - provoca qualche dubbio le mani che hanno 18-20 punti e sono equilibrate, dubitiamo ma non si aprono dal 1°. Quindi passiamo al punto B.

B) Se abbiamo un seme maggiore di 5 carte o più, apriamo in quel seme, ad esempio una cuori o una picche e il nostro compagno sa che abbiamo tra i 13 e i 20 punti e il seme cantato almeno al 5° posto. In caso contrario, passiamo al punto successivo.

C) Si noti se abbiamo il diamante 4 o più lungo e si dica un diamante, se non abbiamo nessuno dei tre precedenti.

D) Diciamo che 1 club è chiamato un seme ausiliario perché possiamo avere anche due carte.

Come promesso: leggete 10 righe e avrete per l'apertura l'80% delle mani che giocherete in vita vostra.

PARTNER DELL'APERTURA.

Questo punto è stato raggiunto quando il nostro compagno ha aperto e gli avversari non hanno parlato. Ora siamo in un'altra alternativa dell'asta e la prima cosa che dobbiamo pensare è se abbiamo 6 o più punti. Se non ne abbiamo, passiamo. Se abbiamo 6 o più punti, passiamo alle risposte su ciascuna apertura.

Importante: per quanto riguarda l'apertura a), cioè la prima, sviluppiamo le risposte in un capitolo separato dopo le altre risposte, poiché i requisiti sono diversi da quelli che menzioneremo ora.

♠ **RISPOSTE DI COMPAGNO ALLE APERTURE B) Bacchetta maggiore 5a o più 1 e 1 :**

DE 1

Qui parleremo innanzitutto del fatto che il contratto finale può essere a seme o a st, per giocare a briscola abbiamo bisogno di un minimo di 8 carte. Il motivo per cui devono essere 8 è che noi abbiamo il maggior numero di carte in quel seme, mentre agli avversari ne rimangono solo 5.

1)   **Supporto con 3 o più carte cuore** si canta nel modo consueto

2   Se abbiamo **da 6 a 9 punti**

3   Se abbiamo **10-12 punti**

4   Se abbiamo **13-15 punti**

Si noti che diciamo fino a 15 punti, perché se il nostro compagno ha una mano di 13 o 14 punti con i nostri 15 punti raggiunge 28 o 29 punti e siamo lontani dallo Slam (33 punti); e se ha 17 o più punti sa che le nostre mani possono raggiungere lo Slam.

Poi studieremo una variabile che ci permetta di gestire al meglio le mani con più di 15 punti, il tutto nel tempo, con l'obiettivo di non confonderle. È qui che inizia a funzionare l'importanza della marcatura dei punti.

Se non abbiamo un supporto per il bastone di apertura, le seguenti variabili appaiono per ciascuno dei bordi, sempre con l'ordine delle aperture e sapendo che se ne troviamo una, scartiamo le altre.

2)   Con **4 carte o più che cantiamo** (sempre con più di 6 punti) diciamo 1 pique. Se non ce l'abbiamo, passiamo al punto 3.

3)   Cantiamo il 1° se abbiamo da 6 a 9 punti (con qualsiasi distribuzione).
Nota: possiamo avere una mano sbilanciata, cioè avere 6 carte in un seme minore, ma diciamo comunque 1ª, perché diamo priorità a mostrare i nostri punti, che sono da 6 a 9 punti, il che aiuta il nostro partner a sapere immediatamente quanto in alto nel contratto possiamo giocare.

4)   Cantiamo 2st se abbiamo 10-12 punti (con mani bilanciate) qui se **deve** essere una mano bilanciata.

5) **Cantiamo 3st se abbiamo 13-15 punti** (con mani equilibrate).

Se abbiamo molti punti, appare una cosa molto importante per giocare lo Slam: quanti assi abbiamo, perché se ci mancano 2 assi non possiamo giocare lo Slam, e qui appare una delle poche convenzioni che giocheremo.

6) ♣ ♦ ♥ ♠**Si canta 4st per chiedere gli assi** (questa è la convenzione blakwood, si chiedono gli assi e se la risposta è "no aces" si canta 5, con 1 asso si canta 5, con 2 assi si canta 5 e con 3 assi si canta 5). Si può anche chiedere il "k" con "blackwood", ma questo
Lo lasciamo per dopo, di solito non ci aiuta in modo particolare.

4) **Per le canzoni a livello di due 10 punti o più (il seme può essere di quattro carte)**
♥ ♦ ♣Esempio: apertura di 1, rispondiamo 2 o 2 sempre con un minimo di 10 punti.

Questi canti hanno una condizione molto importante, poiché il partner non può passare e deve dire qualcosa, e qui appare una figura nelle aste, che sono **i tempi di forzatura**, cioè il partner deve dire qualcosa obbligatoriamente, **e i tempi di passaggio** in cui il partner può passare. Quindi, quando diciamo che è forzante o passabile sappiamo di cosa stiamo parlando. Il motivo è che, poiché l'apertore ha un minimo di 13 punti e io ho un minimo di 10 punti, aggiungiamo 23 punti e il livello di 2 non può essere perso e allo stesso tempo appare un concetto: chi sa è la cosa più importante nell'asta. Si noti che da quanto abbiamo detto finora stiamo passando informazioni al nostro compagno, con l'obiettivo di sapere quanto in alto possiamo arrivare nel contratto e a quale club lo giocheremo, e tutto è incentrato sul gioco, che si raggiunge dai 26 punti in poi.

Poiché la differenza tra un gioco e un parziale è di molti punti, presumo che sappiate quanti punti premio ha ogni contratto. Se non ne siete a conoscenza, vi suggerisco di consultare un qualsiasi libro della vostra precedente formazione e di rileggerlo molto bene.

In sintesi, vi dico:

- Il parziale aggiunge 50 punti al totale delle basi.
- Gioco non vulnerabile 300 e vulnerabile 500
- Slam 800 - 1200

- Grande slam 1500

Vi avverto anche che uno degli ultimi temi che toccheremo in seguito è l'importanza di essere vulnerabili o meno e le alternative che ci offre.

5)   I canti a salto di altri semi mostrano 6 carte del seme cantato con gli onori e 13 o più punti.

DE 1

1)   ♠Supporto con 3 carte o più di picche cantiamo (vediamo in ciò che segue, che dobbiamo sempre avere almeno 6 punti, sia per il supporto del seme che per lo st) e qui sviluppiamo con il solito ordine che se troviamo una delle variabili scarta tutte le altre

♠2 punti se abbiamo   da 6 a 9 punti

♠3 punti se abbiamo   10-12 punti

4   ♠se abbiamo   13-15 punti

2)   Cantiamo 1° se abbiamo   Da 6 a 9 punti (con qualsiasi distribuzione)

3)   Cantiamo 2st se abbiamo   10-12 punti (con mano bilanciata)

4)   Cantiamo 3st se abbiamo   13-15 (con mano bilanciata)

5)   ♦♣Cantiamo 2 o con almeno quattro carte di questi semi e 10 o più punti.

6)   Cantiamo 2 con 5 carte e almeno ♥10 punti.

7)   Cantiamo in un salto di un altro seme, se abbiamo 6 carte nello stesso seme, con buone prese negli onori e un'apertura di 13 punti o più.

Vi dico che queste due aperture di cui abbiamo parlato finora sono le più importanti in un'asta, perché il sistema naturale si basa sul trovare 8 carte o più in un seme maggiore, che è il contratto più comune, in realtà l'apertura si chiama seme maggiore 5, poi potete chiamarlo sayac, o come volete, questa è la base del naturale.

Risposte del partner all'apertura (c) con 4 quadri

DE 1

1)   **Canto di un maggiore a livello di 1: 6 o più pti** e il seme cantato almeno **un quarto (**

1   o 1)

2)   **Supporto 2** : da 6 a 9 punti e almeno **quarto (4 carte da)**

3)   **1 st**:   6 a 9   senza quanto sopra e con qualsiasi distribuzione.

Ma qui sappiamo che non ho né 4 cuori né 4 pique, se li ho, sono obbligato a cantarli.

2st:10-12 equilibrato comprende **quattro o più carte** di (5332)

(invece di dire 3 è preferibile giocare **st** se le mani sono bilanciate)

3st: **Da 13 a 15** come sopra

4)   **La canzone a salto di un altro seme** mostra **6 carte** dello stesso seme, con una buona

tenuta negli onori e un'apertura di **13 punti** o più.

Risposte del partner all'apertura d)

DE 1

1)   Canto di una maggiore a livello di 1: **6 o più pts** e il seme cantato almeno **un**

quarto (1 o 1).

2)   **1°6 a 9 punti** ed eventuale distribuzione

3)   **2st10-12 punti** distribuzione equilibrata (include 4 o 5 carte da o)

4)   **3st13 a 15 punti** distribuzione equilibrata (comprese 4 o 5 carte da o)

5)   **Supporto 2**: 10 o più punti con **5 carte** di quel seme (fino a 17 o 18 punti si può

cantare 2 fiori, ma con solo 10 punti è meglio cantare **2st**).

6)   **Cantando a salto di un altro seme**, mostra **6 carte** dello stesso seme, con una buona

tenuta negli onori e un'apertura di **13 punti** o più.

Con questo terminano tutte le alternative che il compagno dell'apertore ha per informare il partner che ha nelle sue 13 carte e gli sta passando le informazioni di punteggio e distribuzione, in questo modo si sta costruendo l'asta e queste informazioni sono quelle che segnano a quale livello il lato può giocare e quale seme può giocare.

Quella che segue è la seconda dichiarazione dell'apertore finché gli avversari non sono entrati nell'asta. Ricordate che qualsiasi intervento dell'avversario cambia totalmente il significato dei canti.

Mi soffermo qui per rivolgermi a chi vuole insegnare o a chi vuole studiare con questo libro. Raccomando di praticare per diversi giorni ciò che abbiamo visto finora, per fissarlo in modo sicuro.

Il modo di studiarlo è: si prende un mazzo di carte, si distribuiscono, e dei quattro giocatori quello che ha l'apertura la fa, senza asta concorrente, e il compagno di colui che ha aperto risponde in base a ciò che è stato insegnato. L'obiettivo è quello di fissarla in modo che venga appresa prima di passare a un altro punto.

Si noti che la continuazione dell'apertura della 1ª non è ancora arrivata, sarà il prossimo argomento di studio.

Tra le tante cose da imparare, bisogna sapere che questo sistema si chiama naturale, ci sono molte varianti, ma in realtà dovrebbe chiamarsi seme 5, perché l'obiettivo è trovare 8 carte nel seme di cuori o piqué per poter giocare un seme.

Per evitare di tagliare la prima parte dell'imbastitura, finiremo di informare la mano con il punto sottostante.

DICHIARAZIONE DEL SECONDO APERITIVO (per l'apertura di Palo)

Questa è un'altra opzione, che ha altri requisiti, che sono dati dalla risposta che il compagno ha dato alla sua apertura, quindi con l'incorporazione dei dati di cui sopra ci sono due opzioni: se il compagno si è definito, ad es. In questi casi, poiché l'apertore sa quanti punti ha il compagno e quale seme giocherà, sarà lui a prendere la decisione finale sul contratto.

In breve, quando finiamo c'è sempre un giocatore dei due che viene descritto, nel qual caso il suo compagno sarà quello che prenderà la decisione finale sul contratto. Ma se il compagno non è definito

poi dobbiamo segnare quanti punti abbiamo e in questo caso il contratto finale sarà definito dal nostro partner.

A)   Quando il nostro partner non è stato definito

•   se canta una nuova mazza all'altezza di una e totalizza 6 o più punti e la mazza cantata almeno al quarto posto

•   se canta un nuovo club a quota due e segna un club con tendenza al 5° posto e 10 o più punti.

Ed è importante quando il nostro collega dice 1°, perché su questo punto ci sono delle variabili, anche se è già stato descritto.

Poiché la nostra apertura passa da 13 a 20, dobbiamo segnare quanti punti ho: la zona bassa

passa da 13 a 16 punti:

facciamo il bordo più basso possibile in base alla nostra distribuzione.

possono essere il primo due del seme cantato dal nostro compagno e infine segnare un secondo seme di rango inferiore a quello cantato per primo.

Zona superiore da 17 a 19 punti:

facciamo il canto saltando un livello.

Che sarebbe in salto, se ha detto un bastone e abbiamo una mano bilanciata diremo 2st (nella precedente abbiamo detto 1st); se abbiamo un supporto al bastone cantato dirò 3 dello stesso (prima abbiamo detto 2); e se abbiamo un nuovo bastone ora può essere di grado inferiore al primo che cantiamo o di grado superiore lo cantiamo in salto, tutto questo segna la nostra zona alta.

Con 20 punti cantiamo gioco perché se il requisito per parlare del nostro partner è avere almeno 6 punti, con 20 sommiamo 26 punti e questo è gioco.

Guardate come è strutturato il nostro intero sistema per fare punti e abituatevi a pensare per punti, perché questo sarà il bastone per risolvere le rifiniture.

Sono stato molto ripetitivo perché questo è il cuore del sistema.

♣C'è solo un caso in cui non risponderà al punteggio e alla distribuzione, ovvero quando si ♦re da o

.

♥♠♠Il compagno risponde 1, in questo caso se l'apertore ha 4 carte da deve cantare quel seme al livello di 1 se ha una mano sbilanciata da 13 a 15 punti, e canta 2 se ha una mano da 16 a 19 e una mano sbilanciata.

Siamo in una parte dell'asta che potreste considerare la più complicata perché stiamo arrivando alla definizione del contratto, quindi cercherò di semplificare e non confondere con molte informazioni che potremo poi approfondire verso la fine.

Notate che in questa variabile, che ricorre spesso, dobbiamo dire se abbiamo 4 carte di picche 1 se abbiamo da 13 a 14 punti e 2 se ne abbiamo 17 o più. Qui mi fermo perché comincia ad apparire la logica di questo gioco. Quante carte coperte ha l'apertore? Solo 4 perché se ne ha 5 o più, deve aprire da un seme e in questo caso ha aperto da un altro seme. Imparare questo è ciò che farà la differenza. **È anche il tono per lo spirito di questo sistema, che è soprattutto quello di segnare punti, perché questo ci mostra facilmente quanto in alto possiamo andare nell'asta.**

APERTURA DI 1 SENZA VITTORIA (SINTESI)

15-17 equilibrato

Ricordiamo che questa apertura, che è inclusa nella partitura da 13 a 20, era stata lasciata in sospeso.

Se abbiamo una delle opzioni, le seguenti vengono scartate. La più importante è che quando siamo vulnerabili contro il no, abbiamo quindici punti, consiglio di non aprire dal 1° se non da un minore, il concetto cambia nella posizione non vulnerabile contro il sì, lì sempre con 15 a 17 dobbiamo aprire dal 1°.

Questo quando ho detto loro che tutto è pronto per proteggerli, questo concetto è fondamentale, li salverà da molte multe.

<u>Perché separare questa apertura dalle altre dal 13 al 20</u>

È uno dei canti più descrittivi del bridge, che segna due condizioni da 15 a 17 punti e una mano bilanciata.

Se li separo, è perché le risposte a questa apertura incorporano le convenzioni.

<u>Che cosa sono?</u>

Canzoni che quello che diciamo non è il bastone che abbiamo ma che ci chiedono di dire qualcosa o ci fanno una domanda specifica.

1)   Trasferimento

Qui appare la seconda convenzione del sistema. Perché convenzione? Perché il seme che dichiariamo non è quello che abbiamo, e diciamo al nostro compagno quale seme ho almeno il 5° di grado.

Giocheremo con il trasferimento verso i quattro pali perché in questo modo semplifichiamo la rifinitura e abbiamo meno possibilità di commettere errori.
Lo scopo del trasferimento è perché è sempre in mano a colui che ha aperto, perché ha la forza maggiore ed è conveniente per lui ricevere l'output.

In questi casi l'unico requisito per farlo è avere:

5 carte o più del seme maggiore e da zero a + punti (cioè indipendentemente dal punteggio)

E avere **6 carte o più del seme minore** da trasferire al seme minore.

Perché questa differenza? Per un club minore dobbiamo giocare a livello di 3 e con pochi punti è molto pericoloso. Quando effettuiamo il trasferimento il compagno ha l'obbligo di dire il seme che gli chiediamo di dire, non è conveniente trasgredire a questa richiesta.

1a) Trasferire al polo principale   ♦ se diciamo 2 vi chiediamo di dire 2   ♥

Se diciamo   2, vi chiediamo di dirlo. ♠   ♥

1b) Trasferimento al bastone minore   se diciamo ♠2 chiediamo di dire 3 ♣

Se noi diciamo 3 ♣ , vi ♦ chiediamo di dire 2.

2) Con meno di 9 punti

Diciamo **passo** .

Quando sono maestri inviteranno con 8 punti, ma questo è per i grandi giocatori di carte. Il motivo è che anche con 17 punti dall'apertura il punteggio totale è di 25, che non è sufficiente per giocare. Qui vediamo due delle cose di cui ho parlato all'inizio e che considero fondamentali: i punti per giocare e come il sistema protegge i giocatori meno esperti.

3) se abbiamo 9 o più punti 3a) steyman

Ecco la terza convenzione del nostro sistema, vi ho già detto che la convenzione è quando cantiamo un seme che non abbiamo e ha due funzioni: o farvi menzionare il seme che vi chiedo di trasferire o chiedervi qualcosa 2 club, steyman chiede quale seme maggiore 4 avete.

Ecco un punto importante: molte persone aprono dal 1° e dal 5° seme maggiore, io consiglio di aprire dal 1° seme. I motivi sono: raggiungiamo più velocemente l'obiettivo di trovare 8 carte in un seme maggiore e se ho 15 o 16 carte sbagliate la considero una mano minima; se ho 16 carte buone o 17 la considero una mano forte.

Il requisito per farlo è avere uno dei due maggiori con almeno **4 carte e 9 o più punti**.

Ciò avviene dicendo **2 ♣**

"Avete uno o più semi maggiori di quattro carte?".
Le risposte sono:

     2 se si dispone di 4 carte o più e non si esclude la carta ♠

2 ♣ se si possiedono 4 carte o più e si esclude l'opzione ♥

♦ 2 se non si è in possesso di alcuno dei requisiti di cui sopra

3b) giocare a st

Se abbiamo **9 o più** e **nessun club importante**, giocheremo a **st** e diremo:

2 st	senza avere	**Da 9 a 10** punti
3 st	con	**11-12-13-14-15** punti
4 st	(quantitativo)	**16-17** per giocare 6 st
6 st		**18 19**

5 st (quantitativo) **20-21** per giocare il 7 st

Da 7 st22 in poi in questo c a s o è conveniente passare per 4 st perché potrebbe mancare un asso.

4) mani che abbiamo più di 13 punti e un club 6° o più lungo

Cantiamo che si attacca al salto dell'esempio:

<u>Apripista</u>   <u>partner</u>

1a   ♦♠♣♥ 3 o 3 o 3 mostra 6 carte e la richiesta di slam, l'unico seme che non possiamo cantare è perché questo canto è stato lasciato per il trasferimento a . Tutti i canti in un sistema devono avere una giustificazione che favorisca il miglior contratto, e prima fissa un seme di gioco, con la riserva che il compagno dica 3 st, ora qualsiasi altro seme che menzioni gli dice che è interessato alla mano e va alla ricerca di giocare 6. Come segue la ricerca dello slam attraverso la cui-bid sarà trattata nel prossimo libro, vi dico sempre di imparare le cose semplici in modo che quando avete esperienza iniziate a incorporare temi complessi, quindi se vogliamo indagare 6 passiamo attraverso 4st.

Esempio: **a k xxxxx a q j 10 xxx a q xxxxx a j 10 9xxx**

Proseguimento dell'asta in base alle risposte

Per identificare meglio la posizione è il partner dell'apertura 1a

- **Informazioni su tranfer**

Esamineremo solo il trasferimento a fiori maggiore, poiché lo faremo solo su fiori minori per passare. Questo è molto importante perché se ho un 5 o un 6 con un punteggio di 10 o più dico direttamente 3st e se ho un 6 minore con più forza chiamo il salto. Ecco un'avvertenza molto importante: se il seme lungo buono è una quadri dico 3 quadri, se il seme è una fiori devo dire 4 fiori, poiché 3 fiori è un trasferimento a quadri.

Nota

Coloro che giocano partite più complicate utilizzano il 4 fiori e il 4 quadri, in modo da poter giocare cuori o picche, il che è stupido perché il sistema ha il trasferimento e la stessa carta del giocatore che ha aperto dal 1°. Questo è uno dei tanti motivi per cui usare tante convenzioni è generalmente improduttivo e serve a confondere.

Esempio 1

Apertura 1   stresponse 2♦

2a risposta apripista   2pass con una mano fino a 8 punti

♥   3(da **9 a 10 punti** e almeno **6°**)

♠♣♦2 -3 o 3 virtuali forzanti, chiediamo al compagno se ha onori o carte di quel seme per giocare o se ha il massimo dello st (17 punti) dando la possibilità di scegliere il contratto migliore.

2st con 9-10 punti e mano equilibrata (5332) invita

3st con 11 o più punti e una mano bilanciata (opzionale).

In entrambi i casi sarà il **1°** apripista a decidere cosa giocare.

Se dopo il trasferimento facciamo un canto di salto un altro bastone sbatte con forza.

3 ♠(in questo caso il **5° bastone** e il **5°**)   ♥

♣♦4 o 4 (fiori almeno **5°** mano con possibilità di slam.

Esempio 2

♠Sì, abbiamo una   forza di   5 e 5 ♥partite

apertura   1risposta   2trasferimento   ♥
♠2a risposta apertura 2 2a risposta 4   ♥

♠(mostra 5 e 5 in entrambi i semi) è di giocare in uno dei due semi, se l'apertore del 1° ha entrambi i terzi semi sceglie di giocare la mano da solo.

Esempio 3

gestione di bicolori minori

Apertura **1** ♦risposte 3 canto forzante

3 st   4   (campione di minimo 5 e 5 nel gioco   ♣♣due clave in una qualsiasi di queste clave)

        3 se ha il 6° passaggio monocolore o se c'è scritto 4♠
diamanti

- **Informazioni su steyman**

    In base alla risposta e alla quantità di punti che abbiamo, invitiamo o andiamo a giocare.

- ♣♦2 2 diremo **2st** con **9-10 3st** con **11+**

- ♣♠ ♥2 2o 2 se è il nostro seme diremo 3 invitando 9-10 punti. Se abbiamo 11
a 14 diciamo 4 del seme cantato. Se non coincide con il nostro seme diciamo **2st** con 9-10 e
3st con 11+

Anche qui c'è un motivo che evidenzia perché questo è un gioco che permette di applicare la logica. Se diciamo 2 cuori e il nostro compagno dice 2 o 3 senza briscola, e abbiamo la quarta di picche, ora giocheremo picche perché lo steyman è fatto con una quarta di seme maggiore e se non è quella che canta o è di cuori, è certo che ha 4 carte di picche.

In questo momento colgo l'occasione per fare una riflessione che può aiutarvi molto in questo gioco. Quando dico e spiego tutto questo e parlo di applicare la logica, voi rispondete automaticamente, è ovvio, come faccio a non saperlo, ma vi consiglio di esercitarvi nell'applicazione di questi concetti e, prima di rispondere automaticamente, di fermarvi a riflettere sul significato del canto del mio compagno. I giocatori **pensano che se giocano velocemente sono migliori e invece è esattamente il contrario.**

Nel caso in cui abbiamo forza di slam passeremo attraverso **4st** (che è la domanda sugli assi), ma in questo caso canteremo direttamente **4st** che è un canto quantitativo:

1° e la risposta è direttamente **4st**

Dichiarazione con bicolore minore

Se abbiamo 5 e 4 in club minori e forza di gioco, finiamo sempre **3st** (anche se è 5-4- 3-1).

Con una forza di slam probabile o certa e una distribuzione di almeno 5 e 5 completiamo il tutto.

1a

3st ♣♣♦4 (chiediamo al nostro compagno di scegliere tra 5 e 4 (questo canto ci permette di consultare gli assi con **4st**)

Intervento all'apertura della 1ª asta o di aste concorrenti

Includo questo qui perché tutto ciò che riguarda la st sia più chiaro. Vi racconto: un insegnante andò a giocare con uno dei migliori giocatori del mondo e quando gli chiese cosa giocassimo sull'intervento alla 1ª, il grande giocatore rispose: ti manderò le 300 pagine che ho scritto su questo più tardi. Morale della favola: è uno degli argomenti più discussi nel bridge, quindi cerchiamo di semplificarlo il più possibile usando il naturale.

A)   se l'avversario **raddoppia** (cioè ha un altro **st**)

(a1) se abbiamo **6, 7 o più punti, passiamo.**
a2) se abbiamo **pochi punti**, raddoppiamo (è una richiesta di aiuto e il nostro compagno deve cantare il suo miglior bastone anche se è quarto**)**

a3) se siamo in una posizione di **"noi siamo vulnerabili"** e **"loro non lo sono"**, e abbiamo **9 punti o più**, usiamo tutte le convenzioni della **1ª apertura** (teniamo presente che la forza è dietro il nostro compagno, quindi dovremmo avere una mano migliore rispetto a quando non ci sono dati).

a4) se **loro sono vulnerabili e noi no**, o se siamo ugualmente vulnerabili, passiamo al **doppio**.

B) se intervengono con una **canzone a bastone**

b2) se cantiamo un bastone, è **5°** con qualche onore e forza fino a **8 punti**

b3) se diciamo **st, 2st da 6 a 8 punti e ataje al palo cantato, con 9 o più diciamo 3st b4)** se **raddoppiamo è penalità**

♣**b5) 3** è steyman

b6) se abbiamo una forza di gioco e un **bastone maggiore 5°** lo cantiamo in salto se non passiamo il 3° livello, altrimenti passiamo da steyman.

Intervento sull'apertura del 1° da parte dei nostri avversari

Qui è importante in quale posizione era l'apertura del nostro avversario, se è alla nostra destra o se siamo dietro di lui, il nostro punteggio vale di più e con 15 possiamo raddoppiare; ma se l'apertura dell'avversario è alla nostra sinistra, se vogliamo raddoppiare dobbiamo avere 17 punti, consiglio che in caso di non avere 17 punti possiamo cantare una quinta fiori, se no passiamo.

L'altra opzione, secondo la vulnerabilità, è quella di dichiarare un quinto polo.

Nota: esistono diverse convenzioni per mostrare le bicolori, io non le consiglio perché sono difficili da gestire per i giocatori inesperti, naturalmente se si tratta di coppie stabili e si vogliono usare e studiare a fondo, in alcuni casi possono essere utili.

Ancora una volta, sottolineo che questo corrisponde all'asta concorrente, che sarà trattata in modo più dettagliato nel prossimo capitolo.

Ricreazione

Qui faccio una pausa dalle informazioni e ricordo le cose che all'inizio potrebbero non essere ben comprese e che, man mano che si va avanti, sono almeno più comprensibili.

Ho parlato del fatto che il sistema è fondamentalmente naturale, in quanto si commettono meno errori rispetto a quando si giocano molte convenzioni.

Ho parlato di un sistema basato sul conteggio dei punti, perché c'è una ragione per i livelli dei giochi e per i punti necessari per giocarli.

Si parla di due fasi di gioco, la rifinitura e la difesa, un gioco di coppia perché se non si sa cosa segna il proprio compagno non si può avere successo.

E ho anche detto che è stato creato per tutti i livelli di giocatori.

SINTESI DI APERTURA 2 DEBOLE

Apre con 2 di un seme e con due onori maggiori in quel seme (che sono entrambi prerequisiti), in tutti i semi tranne che a fiori.

Cioè su 2 , 2 e 2 Punteggio da 9 a 12

Impedimenti: 1) se abbiamo un quarto seme maggiore (di un seme diverso da quello di apertura)

2)   se abbiamo due assi

Risposta del partner dell'apertore

A)   **Nessun intervento da parte dell'operatore.**

1)   con carte d'appoggio al seme del compagno e non molti punti fino al 10, cantate l'appoggio in base alla vulnerabilità, se è "no" contro (**non vulnerabile**) potete cantare molto alto, se è **vulnerabile** dovete stare molto attenti. Anche il seme dell'apertura è importante, perché se si

♥♠è o dovrebbe essere aumentato. Questi bordi non sono simili a quelli delle aperture di una

2)   con appoggio o possibilità di gioco (bisogna pensare che non abbia aperture, quindi per cercare il gioco bisogna avere più punti) si dice **2st.** Questo canto chiede all'apertore se la sua mano è buona o debole (sapendo che non ha aperture).

2a risposta dall'apertura

A)   se la mano è minima, ripetere il bastone di apertura Esempio: <u>apritore</u>

♥2 2st

♥3 (si risponde al collega che ha una mano minima)

B)   Se la mano è buona, nominare un altro seme in cui si hanno gli onori o 4 o più carte.

partner

♥   2 2st

♣◆3 o 3 (state mostrando una buona mano con onore sul bastone cantato)

♣◆4 o 4 (sul bastone cantato vengono visualizzati **6**   e 5)

La punchline è sempre gestita dal compagno dell'apertore (l'apertore del 2 debole non può parlare di nuovo).

L'apertore può parlare solo se il compagno dice 2st Qualsiasi altro bastone cantato dal compagno è passabile.

> **Se il compagno passa e il banco interviene, l'apertore non può parlare di nuovo.**

B)   con l'intervento degli avversari

A)   Il **2st** continua a porre la domanda: "**com'è la mano dell'apertore**".

B)   Il doppio è una penalità
C)   Qualsiasi altra canzone è passabile

Qui introdurrò la cosiddetta apertura proibitiva, poiché i due deboli sono uno di questi.

Ma la stragrande maggioranza ritiene che quelle proibitive siano le aperture di 3, 4 o più e mi riferirò a loro.

Ripetitivi ma importanti: li spiegherò in modo molto semplice.

Queste aperture sono fatte da perdenti e sono direttamente collegate al livello di quell'apertura.

Quello che diciamo è che l'abbiamo fatto:

41

A)   Se non siamo vulnerabili siamo giù di 3 basi della cresta realizzata

B)   Se siamo vulnerabili siamo 2 al di sotto del bordo realizzato

Tutti pensano che solo perché ho 7 carte di un seme, ho una carta proibitiva, ma è quando quelle 7 carte hanno incluso

Ad esempio, a-k-k-q-j-xxx: queste sono sette basi.

Con questo dirò 4 del bastone se non sono vulnerabile. E 3 di bastone se sono vulnerabile.

Molto per avere le carte del sito, ma con poche onorificenze ne fa una proibitiva e inopportuna.

A cosa serve? Il partner vedrà con i suoi onori quante di queste perdenti può coprire. E in questo modo saprà quanto in alto può arrivare.

Di solito sono più utili quando il giocatore non è vulnerabile, in quanto ostacolano i colpi degli avversari e il compagno può fare una chiamata preventiva, in quanto è nell'interesse della parte non realizzare il contratto, anche se il contratto è raddoppiato, perché migliora il punteggio se gli avversari hanno un gioco.

Questa è l'essenza dei divieti ed è in modo semplice ciò che dovete sapere, e ripeto che dovete adattarvi al sistema che stiamo giocando, per non passare informazioni sbagliate al partner, perché questo è ciò che causa gli errori con cui perdiamo le partite che stiamo giocando.

Ad esempio, molte persone che hanno una mano di a-q.-10-9-xxx la contano come se avessero fatto 7 basi e non è affatto così, per contare 7 perdenti con questa mano bisogna aggiungervi qualsiasi altra carta, cioè avere 8 carte di quel seme.

I giocatori sono abituati ad avere 10 o 15 fogli di carta su ogni argomento che trattiamo, perché vengono spiegate mille varianti per risolvere questi problemi. Penso che conoscendo l'essenziale e avendo lo spirito di ciò che è importante, sappiamo come risolvere i problemi con poche cose.

Questo permette anche al giocatore di crescere perché deve ragionare e crescere nel gioco, con l'esperienza che ogni mano che gioca gli dà.

E questo è fondamentale perché, come abbiamo detto all'inizio, il bridge può avere un numero inimmaginabile di mani (40 milioni o più) e fare un libro che spieghi quel numero di variabili è irrazionale perché è impossibile.

Questo libro è scritto con insegnamenti di base che vi permetteranno di risolvere una quantità molto importante di mani che giocherete, e vi consentirà di pensare più velocemente perché conoscerete le questioni essenziali e più importanti per risolverle.

CAPITOLO III. ASTE CONCORRENTI (SOVRADICHIARAZIONE)

Qui inizia quello che per me è il capitolo più importante e meglio risolto del libro, che naturalmente è sempre perfettibile e aperto alle opinioni. Lo divideremo in due parti.

a.   Quando ci apriamo e gli avversari interferiscono.

b.   Quando si aprono e noi dichiariamo troppo.

Si noti che questo è in linea con il tono di semplicità, come tutto il libro. Vi dico anche che questo può essere, a seconda di come viene insegnato qualcosa, di tre o quattro pagine o più. Racchiudere in due sole alternative qualcosa che ha milioni di possibilità è già un risultato. Ma vi dico che anche se può sembrare molto semplice, nella pratica vedrete come le mani si risolvono rapidamente e come ostacolano i colpi degli avversari.

In questo capitolo è esposto al meglio il concetto che vorrei incorporaste nel vostro bridge, ovvero la descrizione della mano e fondamentalmente la somma dei punti che abbiamo tra noi per sapere a quale altezza del rovescio possiamo giocare.

A) Apriamo da entrambi i l a t i e gli avversari entrano n e l l o smash, cioè viene iniziato uno smash in competizione. Hanno due alternative:

1) sanno cantare un bastone

Con questa variabile, possiamo intervenire e le informazioni che diamo al nostro partner sono determinate dai punti che abbiamo.

A questo punto parleremo di una questione fondamentale che è la vulnerabilità, perché se siamo vulnerabili il nostro intervento deve essere più solido e se non siamo vulnerabili possiamo entrare con meno punti. L'altra questione da considerare è che se il nostro canto è al livello di uno possiamo parlare con meno punti, ma più alto è il livello, più forte possiamo parlare.

A) se cantiamo un bastone che non è del nostro compagno o degli avversari facciamo da 5 a 8 punti e il bastone cantato almeno 5° con qualche onore, se non siamo vulnerabili questo sarebbe il punteggio, se invece siamo già vulnerabili invece di 5 dovremmo ottenere

b)   con 9 o più punti, raddoppiamo

c) se passiamo non abbiamo nulla

d) se abbiamo un supporto per il bastone del nostro compagno, lo comunicheremo nel solito modo: altezza di 2 da 6 a 9; altezza di 3 10 o 11; altezza di 4 13 o 14 (questo bordo sempre sui bastoni più grandi).

Vorrei ricordare che il nostro sistema segna i punti, ma questa variabile cambia un po' rispetto a quella naturale, perché in questo sistema se diciamo che una mazza è a 10 o più punti lascia la mano molto aperta e senza sapere a che livello reale siamo, è conveniente poter intervenire anche con pochi punti, perché oggi il bridge è più aggressivo e gli avversari entrano in asta a volte con pochi punti. Dobbiamo sempre sapere quanti punti abbiamo, per sapere quale livello di finitura possiamo raggiungere e lasceremo che siano loro a dire quello che vogliono.

Si noti che con queste canzoni il nostro partner, in base al suo punteggio, sa fino a quale livello possiamo intervenire, se cantiamo un palo e lui ha tra i 13 e i 14 punti sa che non possiamo andare oltre il livello 2. D'altra parte, se diciamo che abbiamo 9 o più punti, lui ora con una chiamata limitata ci dice che ha la mano più bassa e sappiamo che ha tra i 13 e i 14 punti, d'altra parte se canta in salo o fa cui-bid sappiamo che ha la zona alta 18 o 19 punti. Ripeto questa variabile perché è la più importante, può capitare che il nostro compagno apra da un seme più alto, se abbiamo un appoggio lo canteremo secondo quanto combinato nel sistema, e se l'intervento è superiore al livello che possiamo sostenere passeremo.

Punto 2 gli avversari entrano con i doppi, il bordo di qualsiasi seme a livello segna un seme tendenzialmente quinto e con qualche onore e da 5 a 8 punti. In altre parole, ripetiamo la formula dell'intervento precedente. La cosa migliore di questa alternativa è che manteniamo lo stesso concetto per entrambi i casi, il nostro lato sa sempre a che livello si trova, questo è simile al naturale che tutti giocano, poiché parlare di un doblo segna debolezza.

Naturalmente se raddoppiamo abbiamo 9 o più punti e ognuno dei partner si descriverà, con canzoni di debolezza, invertendo o saltando con più forza, tutte le canzoni in questa fase sono naturali.

Punto 2 aprono e noi interveniamo nell'asta.

A) Intervento con bastone, questo deve essere 5° e avere lode e il punteggio varia a seconda della vulnerabilità da 9 a 13 punti.

Ma se la mano è tra i 12 e i 14 punti possiamo chiamare un ottimo quarto seme perché non dovremmo passare con quel punteggio.

È anche molto utile perché segna un buon inizio se corrisponde al nostro partner. Dobbiamo quindi sapere che il bastone cantato può essere quarto.

I rischi sono minori perché per noi è quasi impossibile giocare, il contatore si è aperto e anche noi ci siamo aperti, restano 12 o 13 punti da distribuire, è difficile che non vengano divisi.

B)   Se interveniamo con doblo segniamo una mano con 15 o più punti, possiamo farlo con 14 se è una buona mano, questo vantaggio è molto importante per diversi motivi.

Il principale è che se il mio compagno ha 9 o più punti ha un'alta probabilità di giocare la partita, e deve indicarmelo con un canto maggiore o un ciuibid (canto del seme di apertura del nostro avversario). Questo ci mette in una situazione di gioco.

Se avete meno punti, fate il bordo più basso possibile.

L'altra questione che ci permette di proteggerci dalla possibilità che con 15 o 17 punti, se abbiamo una scorciatoia per l'apertura e una mano bilanciata, la cosa naturale da fare è dire 1 st e correre il rischio che il giocatore che segue abbia tutti i punti mancanti e raddoppi il contratto, poiché questa possibilità, quella di dire 1 st, l'avremo sempre, dato che con il raddoppio l'asta rimane aperta e potremo parlare di nuovo.

Questo bordo pieghevole comprende anche i bastoni più lunghi e qualsiasi distribuzione poiché, come ho detto prima, la fine tornerà sempre a noi.

E l'unico caso che non ci può raggiungere è se il nostro compagno passa, cioè penalizza l'apertura dell'avversario in quanto ha molte carte di quel seme e ha la tranquillità di avere 15 punti o più.

Come si può notare, questo vantaggio è di gran lunga superiore a quello del raddoppio naturale, che può essere effettuato con un massimo di 12 punti, il che significa che il nostro compagno non sa mai cosa sta succedendo e che gli avversari hanno il vantaggio che, se hanno tutti i punti avversari, possono penalizzarci molto facilmente.

CAPITOLO IV. VALUTAZIONE E RIVALUTAZIONE DI UNA MANO.

Per me questo è il secondo aspetto più importante, perché ci dà il vero punteggio della mano e il modo in cui giochiamo i punti.

Si noti che rivalutare una mano significa aggiungere ai punti naturali a k q j, punti per altri motivi, e una mano che ha 10 punti onori può essere trasformata in 12 o più punti se la valutazione è positiva.

Ma abbiamo anche rivalutazioni negative, nel qual caso una mano che ha 10 punti deve essere considerata 8 o meno.

A)   mani che giocano con il trionfo

B)   mani che non giocano a briscola

Per le prime mani in cui giocheremo a briscola, i punti devono essere aggiunti una volta che la squadra sa che giocherà con un seme di briscola e, cosa molto importante, non valutate mai una mano finché non sapete esattamente cosa giocherete con una briscola scelta. Vi indicherò le questioni più importanti da tenere in considerazione:

1)   Se il numero di vittorie è superiore agli 8 richiesti, si aggiunge la prima vittoria più 2 punti aggiuntivi e il restante 1 in più.

Cioè, per giocare a briscola ne sono richiesti 8, ma possiamo averne 9 o più e questi danno punti aggiuntivi.

Ad esempio, il mio compagno apre di 1 cuori e abbiamo 4 cuori in mano, quindi sappiamo di avere 9 cuori in totale e quell'atout in più aggiunge 2 punti alla mia mano.

Il mio compagno apre di 1 cuori e abbiamo 3 carte d'appoggio, qui non possiamo aggiungere nulla ma sappiamo che giocheremo atout.

2)   un altro modo per aggiungere punti a una mano è quello di avere 1 carta (semi flop) in un seme diverso da briscola, lì contiamo 2 punti aggiuntivi, solo se quella carta è un j o un q non possiamo contare il valore di quella carta.

Nel caso in cui si abbiano 2 carte (doubleton) si aggiunge 1 punto in più, anche qui se all'interno delle 2 carte ci sono la a o la k, si aggiunge anche 1 punto, ma se si ha la q o la j non si possono aggiungere punti per avere 2 carte.

3)   Se gli stessi sono costituiti con a e k possono avere una valutazione migliore, si può aggiungere a (plus), il che significa che quando abbiamo questi valori possiamo se abbiamo dubbi del contratto finale sono un fattore determinante per aggiungerli e giocare o qualcos'altro.

Le mani che hanno un k nello stesso seme sono molto più importanti, in questi casi si può aggiungere 1 punto per distribuzione per questo motivo.

4)   Abbiamo detto molte volte che nel bridge i partner devono descrivere ciò che intendono, ad esempio mostrare un secondo seme lungo è utile al nostro partner se ha carte o onori in quel secondo seme, e si ottiene quello che viene chiamato un doppio fit, cioè due semi lunghi con buoni onori. Questo ci garantisce di poter contare la somma delle carte che abbiamo in questi due semi e di sommarle per ottenere il numero di briscole vincenti. Ad esempio, se abbiamo 5 briscole a briscola e il mio compagno ha 5 fiori, dove entrambi abbiamo carte e onori, questo significa quasi certamente che vinceremo almeno 10 briscole.

Data l'importanza di queste informazioni, è necessario fare spigolature costruttive. E bisogna evitare il canto del canguro, per non togliere spazio al collega e per poter dare più informazioni. Ciò significa che se il mio compagno mi mostra un secondo bastone lungo che ha in mano, e io ho onori su quel secondo bastone, le nostre mani hanno dei valori in più da tenere in considerazione. E si deve aggiungere un punto in più per la distribuzione.

L'esempio più chiaro è quello in cui il nostro compagno apre da 1 piq e noi abbiamo l'appoggio e 10 punti o più, ma in più abbiamo 5 carte di fiori con alcuni onori.

A causa del punteggio potremmo dire direttamente 4 piq o gioco, ma è conveniente dire 2 fiori per trasmettere questa informazione. Inoltre, questo canto è quello che si chiama forzante, cioè il nostro compagno ha l'obbligo di dire qualcosa e dopo che il compagno ha parlato, ora cantiamo 4 piq, quindi il nostro compagno viene a sapere che abbiamo 5 fiori e appoggio piq, e avrebbe la possibilità di rivalutare la mano e sotto certi requisiti di raggiungere uno slam.

Qui è apparso un nuovo termine nel nostro lessico, il termine "forzatura", che spiegherò più dettagliatamente alla fine di questo titolo.

5)   Un altro aspetto che viene utilizzato per applicare ciò che stiamo imparando è se abbiamo informazioni dai nostri avversari. Se non fanno alcun canto non cambia nulla, ma se uno di loro è stato coinvolto nell'asta ci aiuta molto nella rivalutazione e nella valutazione della nostra mano.

A)   se l'avversario alla nostra destra ha aperto, la nostra mano se ha un punteggio dobbiamo darle molto più valore di quello che ha realmente.

Il motivo è che se abbiamo k e q, che sono valori incerti, allora c'è la massima possibilità di fare questi onori.

Al contrario, se l'apertore è alla nostra sinistra e noi siamo di fronte a lui, la nostra mano avrà un punteggio negativo perché gli onori che abbiamo hanno meno probabilità di essere convertiti in basi.

B)   se il nostro compagno ha aperto la mano e il prossimo avversario chiama una fiori e noi abbiamo un k o un q dietro di lui, quell'onore diventa ancora più prezioso perché possiamo sicuramente realizzarlo.

C)   Su questo tema dell'informazione, ce n'è uno poco diffuso che viene dato molte volte.

Ad esempio, il dante apre con 1 cuori, il mio compagno dice 1 piq cioè ha 5 o più carte, il successivo dice 4 cuori e noi abbiamo 3 o quattro carte di cuori e pochi onori, ma abbiamo un appoggio cioè 3 o più carte piq, l'informazione che riceviamo è che siccome gli avversari hanno 8, 9 o più cuori, ora sappiamo che il nostro compagno ne ha 1 o nessuna, quindi con pochi punti possiamo dire 4 piq. Questo è un esempio per capire cosa significa utilizzare le informazioni.

Per quanto riguarda il punto 2, cioè quando si gioca a ST: gli elementi per rivalutare le mani sono minori perché per giocare a ST è necessario aggiungere i punti necessari per il gioco, lo slam o il grande slam, quindi, solo se abbiamo semi lunghi, cioè 5 carte o più, e sempre se sono minori, sia in apertura che in risposta, possiamo aggiungere 1 o 2 punti al totale (con i maggiori dobbiamo giocare quel seme, che sia gioco o parziale). Se il mio compagno apre con 1 st e abbiamo un seme 5 o 6, aggiungeremo punti per ogni carta in più.

Un esempio che spiega bene il concetto è se il nostro compagno apre di 1 st e noi abbiamo una sesta di fiori o una quadri composta da due onori maggiori, A e Q sesti, con soli 6 punti dovremmo dire 3 st.

L'altro problema che può migliorare la nostra mano è se il nostro compagno apre di 1°, il contro apre con una fiori e noi abbiamo ad esempio K J x la nostra mano ha un punto di valore in più.

Ho anche detto loro che avrei mostrato loro come imparare a usare la logica di questo gioco, e l'intero capitolo è pura pratica di logica, in quanto un'informazione viene applicata per migliorare o peggiorare una mano.

Approfitto di questo momento per ricordarvi che la vulnerabilità è uno dei fattori più importanti in questo gioco, e vi ho detto che quando siamo vulnerabili dobbiamo stare più attenti a entrare nei tiri rispetto a quando non siamo vulnerabili, lì si possono inserire i bastoni da salto per ostacolare la comprensione dei nostri avversari.

E tutti questi temi variano in ogni mano (sappiate che è impossibile che in tutti gli anni in cui giocate vi venga data una mano che avete già giocato), quindi essere molto attenti e utilizzare tutte queste risorse logiche in base allo stato della mano, fa di questo gioco un gioco di creazione, capacità, concentrazione e logica che nessun altro gioco di carte o altre discipline hanno.

All'inizio vi ho detto che, visti i cambiamenti esponenziali che il mondo subirà in pochi anni, avere uno strumento che ci mantenga con un cervello attivo e pensante sarà di vitale importanza. L'altra cosa che vi ho promesso è che questo libro sradica la convinzione che il bridge sia così complesso, siamo quasi alla fine del libro e non credo che tutto ciò che è spiegato nella semplicità con cui lo abbiamo visto abbia così tante difficoltà. Il motivo del riassunto dei punti che abbiamo visto è perché il nostro cervello possa svilupparsi applicando pochi concetti che ci permettano di coprire il maggior numero di mani possibile.

CAPITOLO V. APERTURE FORTI

Due senza vittoria

Mani equilibrate con 21 o 22 punti

♠ ♥ ♣ Con mani bilanciate senza bastoni 5to maggiori (questi dovrebbero essere aperti con 21p di 1 o 1, e con 22p di 2)

♣ Le risposte a questa apertura sono le stesse della prima, ma il punteggio viene modificato e con 4 punti si gioca la partita che sceglieremo in seme maggiore cantando 3 steyman o transfer, oppure in st secondo le caratteristiche della mano.

In questo caso la possibilità di giocare un piccolo slam è aumentata, poiché con 11 punti o più sappiamo di essere in 33 p. È possibile giocare in seme minore o in seme maggiore - abbiamo gli elementi necessari poiché usiamo lo steyman con 3 fiori o li trasferiamo solo al seme maggiore. Se abbiamo dei semi minori senza pretese di slam, cantiamo 3 st a meno che il seme minore non sia sesto o più lungo, nel qual caso trasferiamo sempre a tutti e quattro i semi.

Se abbiamo fiori minori con una richiesta di slam, useremo una convenzione di ricerca dello slam con fiori minori su un'apertura di 2 st che svilupperò separatamente.

Apertura di due trifogli

Questa apertura è la più forte del sistema e quando la realizziamo il lato non può fermarsi fino a quando non raggiungiamo il gioco.

♣ Il più importante dei requisiti per realizzarla è avere tra le 3 e le 4 perdenti (per i principianti è difficile determinare le perdenti); un altro requisito importante è avere diverse basi difensive che siano assi e re (questo significa che una mano con un grande cuscino a due non può essere aperta da 2, poiché nessuno garantisce che gli onori che abbiamo in quel cuscino a due possano diventare basi difensive.

♣ Per aiutare nella prima parte dell'apprendimento, quando abbiamo più di 21 punti e una mano sbilanciata, apriamo da 2 (in questo modo copriamo tutte le aperture possibili).

Risposte

♦ ♠ ♣ ♦ Negativo: 2 è realizzato con meno di 8 punti Positivo: 22 2st 3 o 3 sono bordi

♥

positivi Condizioni:

Con 7 punti se si tratta di una a e di una k

◆Con 9 punti o più, se c'è almeno una k Con 8 punti o più, se c'è almeno una a

Continuazione dell'asta sulla risposta di 2 2st segnare 23 o 24 punti e mano bilanciata

3st mark 25 o 26 punti mano in equilibrio

Qualsiasi bastone cantato è essenzialmente una quinta fiori o più lunga con distribuzione sbilanciata, ricordate che il compagno non può passare finché non raggiunge il gioco.

Ci sono situazioni particolari in cui possiamo passare prima di raggiungere il gioco:

1)   ◆Quando il rispondente, dopo aver dato il rifiuto di 2, e di fronte a qualsiasi canto dell'apertore, canta 2st, serve ad avvertire l'apertore che è molto debole, solo 1 o 2 punti. Nel caso in cui si abbiano più punti è consigliabile cantare un nuovo seme anche se è la quarta evitando il 2st.

2)   con risposta negativa di 2d e l'apertore dice 2st in questo caso mostra 23 o 24 punti bilanciati, il rispondente con 0 punti non raggiunge i 26 minimi richiesti per giocare, quindi passa.

Un'altra questione importante è l'apertura 2t risposta 2d (negativa) l'apertore dice 2c o 2p di sicuro quinto seme, il rispondente nella sua debolezza se dice 3 dello stesso seme chiamato è più forte che se dice 4 di quel seme (nella sua debolezza appare qui la rivalutazione della mano). Un'altra questione molto importante è che se il compagno dell'apertore 2t è positivo, il seme chiamato non è necessariamente quinto, poiché esistono variabili di mani sbilanciate. Con i semi quarti, ad esempio, una 4-4-4-1 tricolore. Un'altra alternativa per cantare il seme 4, è se abbiamo una mano sbilanciata ma il quinto seme è senza onori e nel quarto seme ha gli onori, in questo caso è preferibile cantare il quarto seme.

Finché la mano è bilanciata cantiamo 2st come positivo, anche se non abbiamo salvataggi a tre poli Posso avere akqx-xxx-xxx-xxx-xxx-xxx- e dico 2st.

Con l'intervento dell'avversario il doppio è sempre una penalità da parte di uno dei due compagni, se dopo l'intervento tocca al compagno dell'apertore parlare qualsiasi bastone io dica (che può essere il 4°) è positivo, passare è negativo come se avessi detto 2d.

Ricordate che l'apertura di 2t è un gioco forzante, quindi andate piano e descrivetevi, non è necessario fare salti per marcare le fiori lunghe. Solo se l'apertore lo fa ed è imposizione di seme, significa che il contratto sarà giocato in quel seme anche se il compagno fallisce.

Un elemento necessario con le aperture forti che hanno maggiori possibilità di giocare lo slam è sapere quanti assi abbiamo e questa convenzione viene utilizzata a questo scopo:

Chiave romana in legno nero (rkcb)

Easley Blackwood sviluppò la Convenzione Blackwood in modo che lo slam potesse essere messo all'asta solo quando era in grado di essere realizzato. La sua convenzione è stata modificata e ha generato molte variazioni da quando è stata utilizzata.

Una di queste varianti è chiamata **blackwood a chiave romana.**

La rkcb viene utilizzata solo dopo che voi e il vostro compagno vi siete accordati sul seme di briscola. L'asta deve aver confermato l'appoggio per un seme o uno dei giocatori della coppia ha mostrato una lunghezza sufficiente in un seme perché entrambi lo accettino come briscola prima che il canto di 4nt sia considerato rkcb.

Questo è uno degli aspetti più difficili della rkcb, quindi è importante che il partner abbia ben chiaro quando una mazza diventa una briscola.

Se avete concordato che un certo seme è di briscola, le risposte a 4nt forniscono informazioni su 5 assi, i 4 assi più il k del seme di briscola.

Il significato delle risposte a 4nt è:

- **5♣** 0 o 3 schede chiave

- **5♦** 1 o 4 schede chiave
- **5♥** -- 2 carte chiave, senza la briscola q

- **5♠** -- 2 carte chiave con la q di briscola

- **5nt** -- 2 o 4 carte chiave e un bug utile

- **6 di un seme diverso dalla briscola** -- 1 o 3 carte chiave e fallimento al seme chiamato (questo è usato solo se il seme del fallimento può essere mostrato sotto il livello 6 del seme di briscola).

- **6 del seme di briscola** --1 o 3 carte chiave e un fallimento in un seme di livello superiore a quello di briscola.

Trovare il q del trionfo

Se il rispondente ha 2 carte chiave, il suo canto di 5 ♥ ♠5 chiarisce se ha la briscola q o no. ♣ ♦Si può anche scoprire quando la risposta è 5 o 5 .

♠ ♣ ♦Per scoprire l'iniziatore della sequenza rkcb, nominare 5 dei bastoncini del passo successivo (5 su 5 , 5 su 5).

I due modi più comuni di rispondere:

1)   Il rispondente alla domanda se non ha la q di briscola usa il primo passo. Se ha la q di briscola usa il secondo passo.

2)   In questo caso, chi chiede la q afferma di avere le 5 carte chiave. Il rispondente, quando non ha la briscola q, dice 5 del seme di briscola. Quando invece ce l'ha, nomina il k laterale più economico che ha.

Se l'iniziatore della sequenza rkcb, dopo che avete nominato il vostro k laterale, nomina un altro seme, gli chiedete se ha anche il k di quel seme.

Ecco un esempio:

a ♠9 4 3q 8 7 6   ♠

a ♥10 4   3k 5   ♥

♦ a 2   ♦ k 10 4 3

♣ ♣4   a j 5

apripista:	ripsonditore:	
12nt (forzatura con)	♠	
4nt (quante carte chiave?)	**5**	(Ho 1 o 4 carte chiave).
♥ ♠5 (avete quello?)	**6**	♦ ♣(Ce l'ho e anche la k, ma non ho la k).
♥ ♥6 (avete il k .)	**7**	(l'ho preso)
passare (evviva!)		

Alla ricerca di re laterali

♣ ♠Dopo le risposte: 5 , 5 , 5 , 5 o 5 , l'iniziatore della sequenza rkcb può usare il canto di 5nt per chiedere il numero di re laterali che il rispondente possiede. Poiché ha già mostrato o negato di possedere la briscola, non deve contarla per la sua risposta.

I due modi più comuni di rispondere:

Quello che chiede i re, sostiene di avere tutte le carte chiave e mostra interesse per i grandi slam.

I due modi più comuni di rispondere sono:

1)   ♣♦ i passi sono: 6 (senza re laterali), 6 (1 re), 6 ♥ (2 re), 6 ♠ (3 re).

2)   ♣♦ i passi sono: 6 o 6 o   6o   6 mostrare la prima k sotto il palo della briscola...

Se si dispone di una forza extra o di una fonte di trucchi non ancora mostrata (un bastone laterale solido), si può accettare saltando al livello 7.

Nota:

Esistono molte varianti dell'rkcb.

♥♠ Le risposte "standard" sono 5 , 5 , 5 , 5 e 5 , e l'iniziatore della rkcb usa il seme più economico per chiedere la briscola q. Alcune coppie utilizzano risposte diverse per mostrare i difetti o la risposta q.

Rispondete anche al numero di re laterali o al nome di re specifici (invece che ai passi) quando l'iniziatore della rkcb chiede con 5nt.

Concordate con il vostro partner queste variazioni... per essere sicuri di giocare allo stesso modo.

CAPITOLO VI. LETTERA

1) Con trionfo

Una volta deposto il cadavere, analizzo i perdenti del contratto. Se sono più di quelle necessarie per realizzare il contratto, analizzo quale delle seguenti varianti eseguirò per poterlo realizzare. Molto importante: non inizio a giocare le carte prima di aver deciso la linea di gioco.

1) smaltimento in base allo scopo o all'espas

2) affermazione del bastone lungo (che sarà la mano che dobbiamo affermare)

3) fallimenti

4) scartare le perdenti sui bastoni laterali con onori vincenti Il tema 1 è il più semplice, lo analizzeremo nella pratica.

È richiesto l'argomento 2:

a) una buona qualità e quantità di vittorie, poiché di solito è necessario prima togliere di mezzo le vittorie dell'avversario.

b) ingressi sufficienti nella mano che ha l'asta lunga per poter entrare quando è fissata.

Problema 3: qui non dobbiamo trascinare e dobbiamo avere un bastone lungo in una mano che deve essere corto o una mancanza nell'altra mano. Può capitare di avere in entrambe le mani la possibilità di fare fallo, in questo caso si parla di fallo incrociato.

L'argomento 4 sarà discusso nella pratica.

Questi problemi saranno quelli che esamineremo nella nostra prima fase, poiché sono i più comuni e riguardano il maggior numero di mani.

2) Nessun trionfo

Dobbiamo contare i vincitori, quelli mancanti possono essere ottenuti con poche varianti, e se appaiono altre tecniche di cardatura.

1) Di solito compaiono con i semi lunghi di 5 carte o più, anche con i semi costruiti con più onori -.

2) Ai fini

3) È molto importante tenere sotto controllo tutte le fiori il più possibile (non prendere immediatamente le prese vincenti finché non generiamo le nostre prese per

realizzare il contratto).

4)   Ritardare alcuni colpi per utilizzare il bastone su alcuni avversari.

5)   Cercare di evitare l'avversario pericoloso (quello che ha un bastone firmato e può farlo correre).

Uscite

A)   Scelta del club

1)   uscita per il bastone menzionata dal collega

2)   spiccare con onori consecutivi, ad esempio kqj42

3)   uscita su postazioni non celebrate da parte degli oppositori

In s/t si aggiunge4   ) se ho altre onorificenze al mio bastone più lungo

5)   se non ho onorificenze di breve durata che potrebbero essere importanti per il mio partner

6)   Evitare le uscite a fiori composte ad esempio da a542 o j432 (qualsiasi carta piccola di accompagnamento).

B)   Una volta scelto il seme, si deve scegliere la carta di partenza (sappiamo che ogni carta ha un messaggio per il compagno). Facciamo un esempio: le x sono carte piccole.

Akxxx-kqjx-j10 9 x con sequenza di maggiori

Qxxx - kxx con onore di qualsiasi lunghezza del quarto o più piccolo Xxxxx con lettere bianche del secondo.

Quest'ultimo è solo un accenno, poiché si tratta di un argomento molto complesso, quindi vi consiglio, se volete migliorare le vostre conoscenze su questi due argomenti molto importanti, di studiare alcuni libri sull'argomento. Consiglio vivamente il libro di Francisco Pooper.

EPILOGO

Questo momento è un grande discorso che faccio con voi, non credo di essere in grado di esporre pensieri che trascendono, ma penso di potervi dare esperienze di vita che possono essere utilizzate da chi le ritiene importanti.

Si tratta del nostro cervello, un muscolo che per molti è più importante del cuore. E quindi, dato che ne dipendiamo fondamentalmente per giocare a bridge, gli dedico un intero capitolo.

Nella mia vita ho fatto di tutto, varie attività commerciali, sport di ogni tipo, alcuni sport d alto livello, viaggi, ho avuto una famiglia, 4 figli. In tutto questo tempo, il mio corpo e l'attività fisica sono stati molto importanti, naturalmente il mio cervello ha svolto il suo ruolo.

All'età di 59 anni ho avuto un incidente d'auto che ha cambiato la mia vita, credevano che fossi morto, sono stato in terapia intensiva per 3 mesi. Lì ho iniziato a capire che tutto dipendeva da me, ho sentito qualcosa che mi diceva: abbi fiducia in te, lo supererai.

In quel periodo ho provato cose incredibili, per esempio avevo tutte le costole rotte e mi portavano in sala operatoria ogni 4 o 5 giorni perché avevo le ossa infette in una gamba. Il dolore quando mi spostavano è qualcosa che non ha parole, ma ho cominciato a dominarlo, lì ho capito che il cervello aveva elementi da usare che erano incredibili, e ho scoperto in terapia che il soffitto diventava la mia televisione e ho cominciato a mostrare filmati della mia vita, ho capito che se mandiamo onde positive al cervello si risolve la grande maggioranza dei problemi che abbiamo nella nostra vita.

Lì ho detto: ti ho abbandonato per molto tempo e d'ora in poi mi dedicherò a te perché sei tu che mi aiuterai ad avere una vecchiaia meravigliosa.

Quando avevo 2 anni, mi hanno scoperto un tumore alla testa e mi hanno operato, rimuovendo il tumore e l'intero orecchio sinistro. Racconto questa storia perché avevo già subito quell'operazione con la certezza che tutto sarebbe andato bene.

Chiudiamo la faccenda e andiamo al cervello.
Ho capito che la cosa più importante per lui era avere fiducia in lui, e per nutrirlo dovevo dargli ottimismo, eliminare le vibrazioni negative, dargli meno problemi possibili.

Mi ha insegnato che la cosa più importante era amare molto me stesso, ma rispettando gli altri per non cadere nell'egoismo, e ci sono riuscito.

Mi ha insegnato a godermi la giornata come se fosse l'ultimo giorno della mia vita, molte persone dicono che penso lo stesso, la domanda è: lo metti in pratica o lo sai e basta?

È qui che iniziano molte delle cose che conosciamo, ma che non mettiamo in pratica. Ad esempio, lo sport o l'esercizio fisico o le passeggiate quotidiane con la pioggia o il sole (io le faccio in casa). Ascoltate il vostro corpo che vi avverte quando qualcosa non va e andate dal medico per prevenirlo. Infine, date al vostro cervello nuove sfide il più spesso possibile, che è ciò di cui ha più bisogno per rimanere attivo. Può essere qualsiasi cosa: cantare, ballare, studiare le lingue, ecc. .... o giocare a bridge.

Tornando al nostro libro, questo gioco è stato un fattore fondamentale in tutto il processo che ho dovuto affrontare, e credo che sia quello che mi ha aiutato di più ad affrontare e portare avanti quelle decisioni e quegli atteggiamenti di cui vi ho parlato prima. Si dice che diversi giochi siano utili per prevenire le malattie del cervello. Vi elencherò tutti i benefici del bridge e poi sarete voi a decidere se impararlo o meno.

Il bridge possiede un numero ineguagliabile di virtù che è difficile trovare per praticare e mantenere l'attività mentale al suo apice.

Posso dividerli in due fasi, la giovinezza e la vecchiaia.

Il primo e più importante è che si tratta di una fonte ineguagliabile di applicazioni logiche. Tutti diciamo di voler essere logici per ottenere risultati migliori nella nostra vita, ma la parte difficile è come si fa a conoscere e a praticare il ragionamento logico, il ponte lo fa praticare.

Un altro grande vantaggio è che si gioca in squadra. Molti sport si giocano in squadra e potremmo dire che questo è sufficiente, la differenza è che il bridge è una squadra di due persone, e la congiunzione di queste due menti è data da tutte le informazioni che vengono trasmesse durante una mano, che sono molteplici e che ognuno dei membri della squadra deve imparare ad ascoltare. Un problema che in quest'epoca in cui il telefono cellulare occupa la maggior parte delle nostre giornate, questa virtù che è l'ascolto è molto scarsa. Tutto questo serve a determinare quale contratto deve essere giocato, ma non finisce qui, se è il nostro turno di giocare contro abbiamo anche informazioni da trasmettere e migliorare il nostro gioco.

Infine, in questa fase si gioca una mano diversa ogni 7 minuti, e nessun altro gioco ha questa caratteristica, che ci permette di avere una nuova sfida così spesso. Come ho detto nel libro, nel bridge c'è un numero inimmaginabile di mani, in tutta la vostra vita di gioco potete avere un replay.

Come elementi importanti per la vecchiaia, costituisce una grande sfida e un elemento per praticare la costanza e la perseveranza, cose che si perdono con la vecchiaia. Questi attributi, aggiunti a quanto detto sopra, ci danno una serie di fattori importanti che aiutano le persone ad avere una mente attiva e a prevenire alcuni dei rischi che la vecchiaia comporta per il cervello.

Un altro aspetto molto importante nella terza età è che ci permette di socializzare, in quanto possiamo riunirci con gli amici per giocare o andare in club dove i tornei sono giocati da molte persone, e ci permette di chiacchierare con altri giocatori. Ci sono anche tornei in cui si può viaggiare, a livello locale o internazionale, comprese le crociere di bridge.

Come potete vedere, questo gioco è adatto a tutti. Inoltre, dato che la tecnologia sta arrivando così velocemente che presto potremmo avere meno tempo per il lavoro e più per il tempo libero, sarà difficile riempire spazi utili nella nostra vita, quindi il bridge può essere molto utile.

Direte che sono molto appassionato di bridge, ma credo davvero che questo e altri aspetti rendano il gioco importante per la nostra vita, e questo libro, che ne facilita notevolmente l'insegnamento, potrebbe far sì che molte più persone si avvicinino al gioco.

Sto terminando una delle sfide della mia vita: scrivere un libro che sono sicuro vi sarà utile.

Alla prossima volta.

Milton Keynes UK
Ingram Content Group UK Ltd.
UKHW041455121024
449426UK00001B/122